JN277096

保阪正康
Hosaka Masayasu
姜尚中
Kang Sang-jung
香山リカ
Kayama Rika

「愛国」のゆくえ

「戦後」の無意識とトラウマ

《道新フォーラム》
現代への視点～歴史から学び、伝えるもの

講談社

はじめに

　国内外に膨大な犠牲を強いたあの戦争が終わって六十八年にもなろうとしています。しかし、日本がかくも無謀な戦いに突き進んだことをしっかりと検証し、そこから教訓を得る努力を私たちはしてきたでしょうか。

　札幌出身で昭和史研究の第一人者である保阪正康さんは、揮毫を求められると「前事不忘　後事之師」としたためます。私たちは二度と危うい道を進んではならない。そのためにも戦禍の記憶を正確な記録として残し、次代を担う若い世代に議論を通して伝えていく必要がある。そんな思いが込められています。

　保阪さんは五年前の春、北海道新聞社関連の道新文化センターが大学生を対象に開いた市民講座「世代を超えて語り合う戦争の傷跡。明日につなげる『いま』のために」の講師を務め、若者へ語り継ぐことの大切さと可能性に確かな手応えを感じたといいます。

　北海道新聞社はそうした保阪さんの思いを受け止め、二〇〇九年から毎年、道新フォー

ラム「現代への視点〜歴史から学び、伝えるもの」を札幌で開催してきました。保阪さんを軸に、これまで、

半藤一利（作家）
立花　隆（評論家・ジャーナリスト）
田城　明（中国新聞・ヒロシマ平和メディアセンター長）
澤地久枝（作家）
姜　尚中（聖学院大学教授、前東大大学院教授）
香山リカ（精神科医・立教大教授）

の各氏をゲストに招き、基調講演と討論、参加した若い人たちとの質疑を通して昭和史の教訓を今後にどう生かしていくかを考えてきました。北の大地から発信してきたこれらのメッセージは毎回一冊の本となり、二〇一二年秋以降、講談社から継続的に出版されています。今回は二〇一二年十一月二十五日に保阪正康、姜尚中、香山リカの三氏を招いて札幌の道新ホールでおこなわれたフォーラムの詳報です。

このなかで保阪さんは、ナショナリズムについて「明治以来、日本の官僚や軍人、政治家はじつに単純に、国益の守護、国権の拡張を金科玉条として政策を進めてきた」「国家

の決めた政策を庶民の側におろしてくる一方通行のものでしかない」と指摘し、「素朴に、自分たちが育った共同体にたいする誇り、あるいは地域に伝わる伝承への愛着などを、広義の意味でナショナリズムとみるべきではないか」として、地べたナショナリズムの復元を強調しました。

姜さんは、熊本で生まれ育った在日韓国人として「熊本をこよなく愛する点において、誰にも負けない。この日本の美しい社会や風土を愛する点においても、誰にも引けを取らない」としたうえで、「愛郷心なくして愛国心はありえない」と偏狭なナショナリズムに警鐘を鳴らし、さまざまな視点で話しあう多事争論の重要性をくりかえしました。

香山さんは、阪神淡路大震災や東日本大震災の被災者のこころのケアに関連して、「ひとごとではなく、わがこととして経験している人、地域で目の前の現実に向き合って暮らしている人たちのほうが事態を把握し、知っている」として、東京中心の「上から目線」でなく、困難に直面する人や弱い立場の人たちにたいして敬意を払うべきだ、と訴えました。

自国の歴史を知らない若者が増えています。これは、戦後の一定期間「戦争を知らない子供たち」世代として育ち、いまは社会の中核世代となった五十代から六十代に至る、私を含めた大人の責任でもある、と思います。時まさに憲法や歴史認識など戦後日本の姿を大きく変えようとする動きが目立っていますが、声高な一方的主張や、意見の異なる者へのレッテル貼り、排除の論理がまかり通る時代はくりかえしてはなりません。歴史と真摯に向き合う、そのことの大切さをあらためて強く感じます。本書がそれらを考えるきっかけになれば幸いです。

二〇一三年五月

北海道新聞社取締役編集局長

広瀬　兼三

#「愛国」のゆくえ　目次

較衡量する習慣／「知る権利」と購読料／「歴女」「腐女子」の想像力／記憶を突き合わせて／ケアの欠落／記憶の暗殺者たち／「生もの」と「干物」／「防衛機制」／ドイツ精神医学界の謝罪／「権威」が「権威」であるために／ナッシュビルのできごと／彼らは日本で……／「わかった。君とはいっしょに仕事ができる」／文系の人間のほうが鈍感（?）／加害・被害の問題／わたくしとあなた、あの山この川

むすびに　保阪正康

147

「愛国」のゆくえ

◆本書は、二〇一二年十一月二十五日に札幌市中央区の道新ホールで開かれた道新フォーラム「現代への視点2012〜歴史から学び、伝えるもの」（北海道新聞社主催）を書籍化したものである。当日の講演をベースに大幅な加筆、削除訂正をほどこし、講談社において編集した。脚註の文責は講談社編集部にある。

ナショナリズムの教訓

保阪正康

大通の四丁目

みなさん、こんにちは。保阪正康と申します。

私は北海道生まれの北海道育ちです。父の仕事の関係で道内のいくつかの土地で暮らしましたが、主にすごしたのは札幌です。十九歳で北海道を離れましたが、いまでもサッポロという音の響きを聞くと、胸がジンとくることが多々あります。

私にとっての札幌のイメージは、どうしても昭和二十年代から三十年代の初めのものになってしまいます。

たとえば大通《おおどおり》の四丁目*1に立つと、当時のイメージが一気によみがえってきます。ああ、ここに三越があったな、日之出屋

---

*1 大通の四丁目
札幌市中心部は明治新政府によ

があったな、西村があったな、川中靴店があったなとか、こっちへいくと富貴堂があったな、古本屋さんの維新堂もあったなとか、すぐにその風景が描ける。私にとっての札幌はその時代でそのまま止まっているんですね。

いま、私は札幌に来る機会はけっこうありますが、四丁目に立っても、まったく「私の札幌」という感じはしない。

もちろん札幌オリンピックで大きな変化がありました。しかし、それとは別に、私が育ったときの札幌の町の空気、あるいは住んでいた人たちの表情と、いまの札幌の町の空気や表情とはまったくちがうように思われてならない。いったいそれはなぜなのか。

いろいろな解釈ができるでしょうが、私の考えはこうです。北海道特有の「アイデンティティ」をうまく守ることができず、東京に呑みこまれて「没個性化」してしまったのだ、と。それは明治から敗戦にいたるまでと、高度成長期から現在まで

って碁盤目状に区画された。市街を大きく南北に分ける道路が「大通」であり、北の官地と南の民地の間に大火の延焼を防ぐために設けられた「火防帯」が、やがて大通公園となった。市の中心部は大通の三、四丁目。札幌駅から南下する「駅前通」や地下鉄南北線も三丁目と四丁目の間を通る。

の北海道を二重写しにして見るとよくわかるのではないだろうか……。

もっと地べたにおろしたかたちで

きょうの私の話のタイトルは、「ナショナリズムの教訓」となっていますが、別にNationalismの概念を学問的に、あるいは高踏的に分析したいわけではなくて、もっと目の位置を地べたにおろしたかたちで考えてみようということなんですね。

戦後七十年近く、私たちの国、社会では「ナショナリズム」という言葉が、ともすれば忌避されてきた。その理由としては、明治からの近代日本の政治体制がもっていた体質が軍事主導であったことがあげられます。

後発の帝国主義国家[*2]であったがゆえの劣等感に発した偏狭な愛国心、それが歪んだかたちで他民族への侮蔑を生み出したこ

＊2　後発の帝国主義国家
産業革命によって工業と資本主

とへの反省でしょうか、それともかつての自分たちの姿から目を背けたかったのか……おそらくその両方だと思いますが、ナショナリズムなる用語をかなり狭い意味でとらえ、ネガティブに用いてきたことは事実だと思います。

でも、ナショナリズムとはそれだけではないんじゃないか。もっと素朴に、自分たちが育った共同体にたいする誇り、あるいは地域に伝わる伝承への愛着などを、広義の意味でナショナリズムとみるべきではないかと私は思うんです。

英語には Nationalism とは別に、Patriotism という言葉があって、愛郷心などと訳されます。いま、保阪の言おうとするのはパトリオティズムではないかというご意見もあるかと思います。たしかにそれも否定しませんが、きょうはナショナリズムとパトリオティズムとを分けて考えるのではなくて、下部構造としてのナショナリズムが、いかなる上部構造を支えるのかについて考えてみたいんです。

義を発展させ、近代国民国家となるいっぽうで原料（資源）と市場をアジアやアフリカ、ラテンアメリカに求めた帝国主義国家群にあってイギリスやフランスは先行し、プロイセン（ドイツ）やロシアは後発といえる。日本はそれら列強の外圧によって近代化したものの、最後発の帝国主義国家としてとくに中国大陸を蚕食する列に加わった。

私たちの国の近代史において、国策決定の錯誤の多くがナショナリズムのかたちをとってあらわれたことは事実です。なぜそうなってしまったのか。

私たちが日常の共同体のなかで、父母から子へ、あるいは子から孫へと伝えてきた伝承、倫理、あるいは生活規範は、それほどおかしなものだったのでしょうか。歪んだ規範の上にできあがった社会、国家であるがゆえに、近代日本は「必然的に」あやまちを犯すことになったのでしょうか……。

そんなことはないと思いますね。そのあたりについて、きょうは考えてみたいんです。

「おまえん家、どっから来たの？」

中学、高校のとき、札幌でよく同級生とこういう会話をしたのを覚えているんです。

「おまえん家《ち》、どっから来たの？」

「おれん家のおやじは広島だけど、おふくろは和歌山だよ」

「あいつは？」

「おやじが宮城で、おふくろは富山の出だそうだ」

つまり北海道とは、明治以降の開拓で人為的につくられた空間なんです。そこに伝わっている伝承は、ある意味でいえば、かなり人工的につくられたものです。つまり、日本人の知恵を総結集したかたちで合成した伝承だったと思いますね。

広島の人もいれば、和歌山の人もいる。東北の人もいれば、北陸の人もいる。むろん近畿、四国、九州の人もいる。当然ながら言葉もちがう。習慣も異なる。

北海道という「内国植民地」、すなわち人為的、人工的にできた空間のなかで、それまでの日本人が各地で培ってきたさまざまな知恵、あるいは共同体に伝わっている倫理のようなものが攪拌された地なのです。

なぜ札幌まつり[*3]の例祭は六月十五日なんだろうと私は疑問に思ったことがあるんですが、ある説にいわく、それぞれの入植者の伝統にしたがっていては北海道のお祭りにはならない、各地の祭りの式日のあいだを取って六月十五日にすることになったんだそうです。真偽のほどはわかりませんが。

寒さとの戦い

私はたまたま母方のほうが屯田兵[*4]で、明治十年代の初期に北海道へ入ったんです。祖母は入植してから生まれた世代です。

小さいときから年寄りの話を聞くのが私は好きだったんで、ずっと耳を傾けていると、北海道における伝承とは、いかに冬の寒さを乗り越えるかにあったことがわかります。食生活、医療、育児の問題もすべて寒さとの戦いに結びついている。近代日本でいちばん苦労した時代と地域は、明治の初期の北海道だ

＊3　札幌まつり
札幌市中央区に鎮座する北海道神宮（旧官幣大社）は、明治四年（一八七一）五月十四日の勅命によって奉斎され、「札幌神社」と命名。翌明治五年（一八七二）、勅旨によって六月十五日が例祭日とされた。北海道開拓長官の黒田清隆は当日を官民あげての休日とし、参拝あるいは遥拝するよう全道に布告。以降、この例祭が「札幌まつり」となる。社名が「北海道神宮」となるのは、明治天皇を合祀した昭和三十九年（一九六四）のこと。

＊4　屯田兵
明治八年（一八七五）、札幌近郊琴似兵村（現札幌市西区）への入

ろうと思いますね。

もっとも、なにごとにも差というものはあります。人びとの苦労をよく見ると、中央の穀倉地帯、いいところに屯田兵、すなわち官が入っている。いっぽう依田勉三《よだべんぞう》の帯広の晩成社[*5]のような民間人たちはあまり地味のいいところには入植していない。キリスト教の人たちが入って信仰の空間をつくろうとしたところも同様です。そういう人たちが最初の年に、どれだけ死んでいったか。

近代日本の縮図

どうしてこの人たちはこんな苦労を覚悟して、それぞれの藩を抜け出て、北海道に新しい空間を求めたんだろうと思うにつけ、その流れを汲む道民のみなさんは進取と開拓の精神を本質的にもっているんだと思うんですね。近代日本でこんな経験を

地から屯田兵制度が開始され、北海道の開拓（農事）と警備（軍事）にあたった。災害救助や農業試験も任務だった。志願兵であり、家族とともに中隊単位で兵村をつくり、次第に道東方面へ展開。開拓使が廃止された後も陸軍省の管轄下に移り、明治三十七年（一九〇四）に制度が廃止されるまで続けられた。

＊5　依田勉三の帯広の晩成社
依田勉三は伊豆の大沢村（現松崎町）の豪農の出。明治十五年（一八八二）、三十歳のときに北海道開拓を目的に晩成社を結成。翌年、静岡で募集した二十七人とともに帯広に入植、開墾に従事した。乳製品の製造や畜産も

しているところはないといってもいい。

とするならば、そこに北海道的な倫理、生活規範が生じたはずなんですね。祭りの日取りにはじまって、日々の営みのなかから、おそらく誰にとってもわかりやすいかたちの、近代日本の縮図ともいうべきモラル、道徳があらたに形成されていったはずなんです。

しかし、それは、たとえていえば各地方の規範が蒸留されていて、夾雑物がなさすぎた。その点で国家権力によって都合よく利用されやすかったのではないか。

明治以来、日本の官僚や軍人、政治家はじつに単純に、国益の守護、国権の拡張を金科玉条として政策を進めてきました。地域の事情などは「大事のまえの小事」であり、ナショナリズムとは国家の決めた政策を庶民の側におろしてくる一方通行のものでしかない。訳すにしても「国家主義」「(上からの)愛国主義」であって「国民主義」にはなかなかならない。


手がけ、晩成社としての事業は失敗するが、開拓は進み、「十勝開拓の父」と呼ばれる。大正十四年(一九二五)死去、昭和二十九年(一九五四)に北海道開拓神社に合祀された。

＊6　師団本部が地方主要都市に置かれ、その下に各地の聯隊があります
明治二十一年(一八八八)にそれまでの六鎮台を廃し、第一(東京)、第二(仙台)、第三(名古屋)、第四(大阪)、第五(広島)、第六(熊本)の六つで師団組織が発足し、四つか五つの聯隊が集まってひとつの師団が構成された。日中戦争開始前には十七個師団、太平洋戦争開始時には五十一個

第七師団の運命

ちょっと軍事の話をします。

日本の軍隊の特徴は郷土聯隊にあります。愛郷心、お国自慢を部隊の団結と士気に結びつけたわけです。

師団本部が地方主要都市に置かれ、その下に各地の聯隊があります。[*6]

たとえば仙台の第二師団の下に会津若松の歩兵第二十九聯隊、宇都宮の第十四師団の下に宇都宮の歩兵第五十九聯隊というように、聯隊は地域の人が集まって構成されます。それが明治以来の建軍の方針でした。

北海道にはかつて第七師団が置かれ、その下に歩兵第十三旅団と歩兵第十四旅団があり、札幌に歩兵第二十五聯隊、旭川には歩兵第二十六～第二十八聯隊が営舎を構えていました。つま

師団、終戦時には百六十九個師団を数えるまでになっていた。

＊7　日露戦争
明治三十七年（一九〇四）から翌年にかけて、主に満洲（中国東北地方）を舞台に戦われた、日本と帝政ロシアとの戦争。日本は辛くもこれに勝利を得たが、十年前の日清戦争の戦果も含め「十万の生霊、二十億の国帑（国庫金）」によって購われた満蒙の大地の開発と経営は、その後の日本国民にとって「明治大帝の御遺業」を継ぐ使命とされていく。

＊8　シベリア出兵
一九一七年のロシア革命で成立

り北海道の軍隊の中心は旭川であり、かつては「軍都」といわれたものです。

旭川の聯隊に入った北海道の農村青年たちはどういう人生を送ったのか、人生のなかで、どんなかたちで近代史と触れあったのか……。

私は以前この第七師団について書いたこともあるのですが（昭和史の大河を往く第五集『最強師団の宿命』毎日新聞社、二〇〇八年）、結論からいえば、北海道の兵隊は、参謀本部によってかなり便宜的に、いいように使われたといっていい。

旭川の各聯隊がどのような戦地や会戦に送られたか。

歩兵第二十六聯隊……日露戦争[*7]、シベリア出兵[*8]、満洲事変[*9]、徐州会戦[*10]、張鼓峰事件[*11]、ノモンハン事件[*12]

歩兵第二十七聯隊……日露戦争、シベリア出兵、満洲事変、徐州会戦、張鼓峰事件、ノモンハン事件

した史上初の社会主義国と革命の東漸に干渉するため、翌年、日本と英仏米伊などの連合国がシベリアに出兵した。極東の利権を得たい日本は、七万三千人もの大規模派兵をしてアメリカの反発に遭い、ニコラエフスク（尼港）では日本軍守備隊がパルチザンの襲撃で全滅。捕虜も虐殺され、一九二二年にやっと撤兵した。

＊9　満洲事変

昭和六年（一九三一）九月、奉天（現瀋陽）郊外の柳条湖で関東軍が南満洲鉄道の線路を爆破して始まった、日本軍の中国東北地方侵略戦争。若槻礼次郎内閣は不拡大方針をとるが、関東軍は

歩兵第二十八聯隊……日露戦争、シベリア出兵、満洲事変、張鼓峰事件、ノモンハン事件、ガダルカナル島*13

このほか昭和十四年（一九三九）に満洲で編制された第二十四師団に属した歩兵第八十九聯隊はサイパン島*14と沖縄*15に送られ、ほとんどの兵士が戦死します。

沖縄戦ではおよそ十万人の兵士が死んだといわれています。じつはそのうちの約一万一千人は北海道出身なのです。

またも負けたか八聯隊

ここで比較の対象として大阪を見てみましょう。

みなさんは、

「またも負けたか八聯隊」

という俗謡をご存じでしょうか。

五ヵ月たらずで満洲全土を制圧し、翌年には満洲国を樹立。中国市場を狙うアメリカなど他の列強との対立も深刻化した。

＊10　徐州会戦

昭和十三年（一九三八）四月から六月、日本の北支那方面軍四個師団と、南京攻略後の中支那派遣軍二個師団が、江蘇省徐州周辺の中国軍を南北から攻撃。徐州は陥落した。中支那派遣軍報道部の火野葦平も、同軍の一兵卒（伍長）だった映画監督の小津安二郎もこの会戦には従軍。火野がその実情を書いた『麦と兵隊』や『土と兵隊』がベストセラーとなるのはよく知られるが、小津が『土と兵隊』を評し、大阪の第四師団の下には歩兵第八聯隊がありました。この聯隊は戦に弱く、負けてばかりいるという俗説がある。

実際のところは必ずしもそうではないのですが、西南戦争や、日清戦争、日露戦争、第一次世界大戦における青島攻略戦など、太平洋戦争ではフィリピンで第二次バターン半島攻略戦やコレヒドール島攻略戦[*16]に参加しています。

弱くて負けてばかりというのは事実とはいえません。ただ、参謀本部は大阪の聯隊をけっして最前線に投入しようとはしなかった。これは事実といっていい。

なぜか。

最前線に送りこんでも積極的に戦わないからです。

昭和十四年のノモンハン事件。モンゴルと当時の満洲国との国境をめぐってモンゴル人民共和国軍／ソ連軍と、満洲国軍／関東軍が衝突した。実質は日ソの激突です。結果はソ連の機械化軍団に関東軍が惨敗するわけですが、このときに兵隊が足り

「これは火野葦平のその仲間のその上官のそれ等への総花式の功績報告書だと云へないこともない」と日記に書いていたことはあまり知られていない（田中眞澄『小津安二郎と戦争』）。

＊11　**張鼓峰事件**
昭和十三年（一九三八）七月から八月にかけて、ソ満国境付近、豆満江下流東にある張鼓峰という丘陵で起こった日本の朝鮮軍（第十九師団）とソ連軍の大規模な衝突事件。この国境紛争で日本側は五百二十六名、ソ連側も七百九十二名と多数の戦死者を出す。機械化されたソ連軍の攻撃によって日本側は一個聯隊潰滅の損害を蒙ったが、張鼓峰を

なくなった。

東京の参謀本部は、旭川聯隊と大阪聯隊に出動命令を出した。むろん聯隊の兵士が全部戦地に行くわけにいきませんから、旭川では派遣する兵士と留守部隊とをパッと分けて、命令から二日目にはもう、ノモンハンに着いていた。

いっぽうの大阪聯隊。

出動命令が出た日に、医務室に長蛇の列ができた。やれ、おなかが痛いだとか、熱があるとか……。軍医はいちいちそれを診察する。それで十日ぐらいかけてやっと派遣部隊が決まった。しかし、ノモンハンに到着する前に停戦になった。

すると、兵士たちは、

「わてらが武勲を立てよう思うたときに、なんや、もう終わりかいな」

って言ったというんです。

これは大阪の兵隊を語るときによくもちだされる例なんです

確保したことから敗北とは意識されず、対ソ強硬方針が再検討されることはなかった。

＊12 ノモンハン事件
昭和十四年（一九三九）に満洲国とモンゴル人民共和国の国境ノモンハン地区で起こった日ソの武力衝突。五月にハイラルの第二十三師団が「満ソ国境処理要綱」の方針にしたがい出撃したが敗退。六月にもソ連軍・モンゴル軍と満洲国軍・関東軍が激突した。八月、ソ連軍の圧倒的な機甲部隊による総攻撃に遭い、死傷者一万人以上を出す潰滅状態となった。九月に第二次世界大戦が始まり、大本営は関東軍に攻撃中止を命じた。

が、この話をずっと詰めていきます。つまり深く考えてみます。するとどういうことがわかるか。

蓄積をもつまえに……

大阪の人たちは個人主義者と言えます。自分と国家を対峙させる。

「こんなことで命を取られるなんてあほらしい」

と考えて、病気になる。

私は大阪へ行って講演するとき、こう言います。

「大阪の人たちは本質的にシビリアンなのだ。国家と自分とが向き合ったときに、軍事と自分は関係ないと確信しているから、大阪の人は兵隊であっても堂々と仮病を使う」

もちろんこれには皮肉もありますけれども、畏敬の念もある。彼らが非合理的な軍事活動につきあう必要はないと考えるのは

＊13　ガダルカナル島
昭和十七年（一九四二）、南太平洋ソロモン諸島最大の島ガダルカナルに日本軍が飛行場を建設するが、八月に米軍がこれを占領したため日本軍は奪回作戦を強行。十月には約三万の兵を送り決戦を挑むが、武器・弾薬・食糧・医薬品の補給もままならず、ジャングルのなか、飢餓と栄養失調にマラリアや赤痢が蔓延。二万五千人が戦死あるいは病死・餓死した。日本軍の撤退完了は翌年二月で、大本営はこの撤退を「転進」と表現し、敗北の事実を覆い隠した。

＊14　サイパン島
マリアナ諸島サイパン島は日本

みごとな考えかたです。参謀本部の参謀たちは、このことを知っていたのです。

講演が終わると必ず人が寄ってきます。

「大阪人は臆病とちゃう。死ぬのが怖いんはみんな同じや」

「冗談やない。戦争なんぞで死ねるかってみな思うとったんですわ」

おそらく、これが大阪という百年、千年の単位で経済的、合理的思考法を培ってきた地域をかたちづくる伝承や暗黙の約束事であり、おおげさに言えば大阪ナショナリズムの規範なのだと思います。

北海道はそれだけの蓄積をもてなかった。あまりにも早く国策に動員されてしまい、自律的な発展を遂げそこなった。

私はそのことを、ことさら怒りをこめて告発したいわけではありません。なぜ北辺の武備にあたるとされた兵士たちが南の沖縄で死んでいったのかを調べ、考えていくときに、こういう

の委任統治領であり、サトウキビ産業を中心に開発が進み、三万人近くの日本人移住者(約八割が沖縄出身者)がいたが、その民間人を全員を帰せないうちに昭和十九年(一九四四)六月、米軍六万七千人が上陸。第四十三師団を主力とした日本軍守備隊は、島民(非戦闘員)約一万とともに五万人以上が全滅。島北端のマッピ岬から多くの民間人が身を投げ、米軍はこの岬を「バンザイ・クリフ」と呼んだ。

＊15 沖縄

昭和二十年(一九四五)三月から六月、沖縄本島に上陸した米軍と日本軍が地上戦をおこない、米軍による地形が変わるほどの

視角もあるのではないかと指摘しておきたいのです。

念のため申しあげますが、北海道の人が権力に従順であり、大阪の人間はそうではないなどと言いたいわけではありません。大阪人が戦前、敢然と時代に抗したかと言えば、けっしてそうではない。けっきょくは大多数の当時の人びとと同じく消極的抵抗、自分の周囲の安全に汲々とせざるをえなかったというのが正直なところだったでしょう。

それでも大阪の人たちのなかには、簡単に国策に協力しなかった者も多いのです。

言葉が外に出てこない

ところで、日本人が歴史を語るときの口ぶり、言葉の選びかたには、特異、特殊とも言うべき特徴があるそうです。これは、あるイギリス人が私に言ったことです。

空襲や艦砲射撃は「鉄の暴風」といわれた。日本にとっては本土決戦を前にした「捨て石作戦」に他ならなかったが、沖縄戦では日米両軍と民間人（沖縄住民）合わせて二十数万人が命を落とす。この戦いに連続する歴史のなかで沖縄は一九五二年の講和条約後も米軍統治下にとどめられた。講和条約発効の「四月二十八日」を主権回復式典で祝った二〇一三年の本土の感覚は、同日を「屈辱の日」とも位置づける沖縄をふたたび切り捨てたものといえよう。

＊16　第二次バターン半島攻略戦やコレヒドール島攻略戦　真珠湾攻撃の後、日本軍は昭和

彼はイギリスのBBCの有能なディレクターで、私はその番組づくりに協力しました。一ヵ月ぐらい行動をともにするなかでいろいろ話をしました。

彼いわく、

「自分は日本語はわからないけれども、日本人はどうして歴史を語るとき、言葉が外に出てこないんだ。言葉だけでなく、すべての意見が内へ内へと入っていく」

それはどの人に取材、インタビューしてもそうだと言うんです。自分はドイツも取材しているけれども、ドイツ人はヒトラーの悪口も言うし、あのころはとんでもない時代だったとは言いながら多くの言葉を発する。しかし、日本ではそうはならない。どうしてなんだと。

そのとき私は明快に答えることができませんでした。正直なところ、いまも考えつづけているのですが、それでもナショナリズムの視点で北海道と大阪を比較してみると、国家が先まわ

十七年（一九四二）一月にフィリピンの首都マニラを占領。マッカーサー大将率いる米比軍はマニラ湾西に突き出たバターン半島と、その先のコレヒドール島要塞に立て籠もった。日本軍の第二次バターン半島攻略戦によって米比軍は四月に降伏、五月にはコレヒドール島要塞も陥落する。捕虜となった七万以上の米比軍の多さに驚いた日本軍はサンフェルナンドに急遽収容所をつくり、そこまでの約一〇〇キロメートルを歩かせ、「バターン死の行進」として喧伝された。司令官のマッカーサーは三月中にコレヒドール島を脱出、「私がオーストラリアに送られたのは新たな攻勢部隊を編成するた

りして、さきほど述べた「地域をかたちづくる伝承や暗黙の約束事、おおげさにいえば規範」を奪い取り、その内実を破壊したことに問題があるのではないかと思うようになったんです。

徴兵逃れ祈願

もう少し具体的に言いましょう。これは以前にもお話ししたことがあるので、すでにお聞きの方にはお許し願いますが、[*17]いささか別の切り口で考えてみたい。

当時の言葉でいう支那事変、すなわち日中戦争が起きたのが昭和十二年（一九三七）の七月。それから昭和十六年（一九四一）の十二月からは対米英戦争もはじまります。ざっと八年は戦争が続くことになります。

それまでの地域社会では、どこでも二十歳になると徴兵検査[*18]があります。

めで、その目的はフィリピンの解放である」と述べた。有名なI shall returnはこのとき発せられた言葉である。

＊17　これは以前にもお話ししたことがあるので、すでにお聞きの方にはお許し願いますが　保阪は二〇一〇年十一月の道新フォーラムにおいても、日中戦争が変えたものとして「徴兵逃れ」について言及している（『未来は過去のなかにある』一三四～一三六ページ）。

三十万人ぐらいが検査を受けて九万人ぐらいがだいたい甲種合格するんですが、しかし、甲種合格したからといって、全員がすぐに兵営に入って兵隊の教育を受けるわけではない。毎年九万人も甲種合格を入営させたらたいへんなことになりますからね。

日中戦争が始まるまでは、みんな神社へ行って「徴兵逃れ」の祈願をしていた。どうか兵隊に取られませんようにと祈る。それは公然たる事実だったんです。

ところが、大陸での戦争で兵士が足りなくなった。甲種合格の者たちすべてを兵営に入れて教育をしてから前線に送る。それでも足りないから乙種合格の者も入れる。こうして次々に動員がかかっていくんですが、そのときに「地域の伝承や約束事」が国家によって換骨奪胎されるというか乗っ取られる形ができる。事態は北海道でも大阪でも、日本全国で同時的に進行したとみていい。

＊18　徴兵検査
徴兵検査は、兵となる男子たちの本籍地にある徴募区、検査区で毎年四月十六日から七月三十一日の間に受ける身体検査。身長一五二センチメートル以上（一九四〇年改定後）で、胸囲が身長の半分以上、筋骨が薄弱でなく、両眼の裸眼視力が〇・六以上、特記する疾病その他身体または精神の異常がない者を、現役に適する「甲種」、甲種に至らないが現役に適するものを「乙種」とした。この結果、徴集されない「丙種」「丁種」はわずかで、ほとんどが現役に適すると判断された。

タテマエがホンネを押しつぶす

鎮守の祭りの場が出征壮行会の会場になる。神社のお宮の建物よりも境内にある忠魂碑[*19]のほうが重要になる。

たとえば山田太郎さんがタスキをかけられて、そのまわりを町長さんや小学校の校長先生、駐在さんが囲んでいる。大人たちが口々にバンザイ、バンザイと言い、子どもたちもそれを見ている。日の丸が振られる。

やがて山田太郎さんは神社の境内を出ていく。村のえらい人たちが彼を村外れ、あるいは駅まで送っていきます。

こうなったら、もはや神社へ行って、どうか兵隊に取られませんようになんてことは言えなくなる。みんな心で思っていても、それはできない。「兵隊に行くことが名誉である」となってしまうのです。

＊19　忠魂碑

日露戦争以降、帝国在郷軍人会が主体となって日清・日露戦争での戦死者を供養するため忠魂碑が各地に建立された。また日中戦争が始まってまる二年となる昭和十四年（一九三九）七月に、陸軍は大日本忠霊顕彰会をつくり、国外の戦跡や国内各市町村一基ずつの忠霊塔の建立を奨励した。忠霊塔の多くは戦後、GHQの指示で撤去されたが、現在も残るものもある。

農作業の貴重な担い手、一家の大黒柱を赤紙[*20]一枚で連れ去られたらたまったものではありません。「兵隊に取られませんように」という祈りは当然のことです。素朴な共同体の伝承であり規範でしょう。

それがたった一年か二年の間で、すべてがあっという間にガラッと変わってしまい、ホンネが口にできなくなるんですね。

ふつうホンネとは「そうは言っても……」とか「口ではそういいますが……」といったように最終的にはタテマエにたいして優位にあるものですが、それが「わたくしごと」「私情」として表立っては言えなくなる。「お国のため」とのタテマエによって押しつぶされていく。まさに異常事態です。

しかし、そのホンネこそが私たちの生活のなかの共同体の倫理、あるいは生活規範、さらにいえば愛郷心、ふるさとや国を愛する感情の原形質であると考えれば、昭和十二年以降、日本人は言葉を奪われ、その心には重大な変化が生じたことになり

＊20　赤紙
在郷将兵を召集するため各地の聯隊区司令部が発行する召集令状は、召集のうち「充員召集」「臨時召集」「国民兵召集」の場合、桃の花のような色のザラ紙に刷られていたため、「赤紙」と呼ばれた。折りたたまれた赤紙は、聯隊区司令部での人選終了後、五、六時間で、封筒には入れずむき出しのまま本人のもとに届けられる場合もあったという。

ます。それは「戦前」が完全否定された昭和二十年以降も変わらず、私たちは共同体の倫理を喪失したまま、外向きに言葉を発することができずにいるのかもしれません。

「日本の近代」「日本のナショナリズム」のむずかしさ、あるいは柳田國男以来の「民俗学」が戦後になって直面した困難[*21]はここにあるのだろうと思います。

この素朴な感情こそが

しかし、私は北海道生まれで北海道育ちの者として、どこよりもこの北の大地には可能性があると信じているし、いまからでも北海道ナショナリズムは形成しうるし、それによって日本をリードしていけるとも考えているんです。

たとえば、さきほど言いましたように、中学、高校のとき、「おまえん家、どっから来たの?」などと会話しているときに、

＊21　柳田國男以来の「民俗学」が戦後になって直面した困難
明治以来の近代化によって変化を余儀なくされてきた「常民」の声に耳を傾け、「田舎の生活」を記録するのが「民俗学の初心」だったとすれば、そもそもその学問の誕生は強烈な「危機意識」の産物であったといってよい。戦後の、とくに高度成長期以降の都市化とマスメディアの発達は、地域社会を解体に近いところまで追いこんだ。その意味で民俗学は基盤そのものを喪失しつつあり「存亡の危機」にある。

子ども心にも「おれたちはそういう両親や祖父母に続いてこの北海道を切り拓くんだ」との使命感をお互いが共有していたのだと思います。この素朴な感情こそが「下からのナショナリズム」の萌芽ではないか。それをもう一度復元し、かたちをつくっていかなきゃいけない。日本人の良質な生活規範は、じつは北海道にいっぱいあるんだというかたちで発信していくことが大事じゃないかなという気がします。

それによって、北海道という空間をこれからの日本の歴史をつくる発動機にすることができる。十九世紀、二十世紀の世界を動かしたアメリカのように、です。

日本のなかで北海道のもつ価値観、文化、伝統には、かなり先駆的な意味があるはずなんですね。それがどうしてかたちにならなかったのかとの反省、そして先住民であるアイヌの人びととの関係を等閑に付してきたことへの反省からあらたな倫理観、規範を打ち立て、それを文化の領域にまで格上げしていくことができたらと思います。

私もけっこうな歳ですし、わずかな力しかありませんが、残り少ない人生を生まれ故郷のために、できることをしていこうと考えております。

「国策としてのナショナリズム」に奪われたものがなんであるかを、各地域で考えることが大事です。そして北海道の先達が持っていた進取の精神をもう一回復元し、発信していこう、それが私たちの父祖が築いてきた良質のナショナリズムの教訓であると申しあげて終わりたいと思います。

どうもありがとうございました。（拍手）

もっと「多事争論」を

姜尚中

『伝道の書』

『旧約聖書』のなかに『伝道の書』[*1]というのがあります。もともとは『旧約聖書』の正しい典拠にはなっておらず、おそらく紀元前二世紀ぐらいに、ユダヤ教の他のいろいろな思想の影響も受けて書かれ、その後に組み込まれたと言われています。

　そのなかに、「すべてのわざには時がある」という言葉がある。これはお世話になった牧師さんが教えてくれた言葉でして、いまでも座右の銘にしております。

　さらにこういう意味のくだりがあるんですね。「かつて起きたことは必ず起きる。かつてなされたことは必ずなされる。太

＊1『伝道の書』
旧約聖書の一書で、知恵文学に属する。伝道者のことを「コヘレト」というため、『コヘレトの言葉』『コイヘレト書』ともいう。古代イスラエル王国の第三代王ソロモンの著とする説もある。「空《くう》の空、空の空なるかな、すべて空なり」で始まるように人生の空しさなどを哲学的に考察し、反面、だからこそ人

陽の下、新しいことはいっさいない」。

なぜそういう話をするかといえば、現在がある意味ではそうではないかと思うからです。

いまの世のなかには、目の前で起きていることがいちばん新しくて、いまだかつてなかったことであり、自分たちこそが歴史の先頭に立っていると思っている人たちがたくさんいます。しかし、ひょっとして、それはかつてあったことであり、また、かつてなされたことではないのか……ときにはこのように考えてみることが大事であると、わたくし自身はこの『旧約聖書』の言葉のなかから教わりました。それは、たぶん歴史を生きることも同じだと思います。

筑紫哲也さん

きょうのタイトルは「もっと『多事争論』を」となっていま

間をありのままの姿へ解放しようという思想にもあふれる。

すが、どうしてこんなことを言わなければいけないのか。

「多事争論」とは亡くなった筑紫哲也さん[*2]がことのほか好んだ言葉ですが、もともとは福沢諭吉の『文明論之概略』[*3]にある言葉です。筑紫さんは大分県生まれですから豊前中津藩出身の福沢――もっとも福沢自身は大坂の生まれですが――に親しみを感じていたのでしょう。

朝日新聞の記者から『朝日ジャーナル』の編集長、ニュースキャスターとなった筑紫さんは、みずからの番組〈筑紫哲也NEWS23〉のなかに「多事争論」「異論反論オブジェクション」というコーナーを設けました。そこでは彼がある問題について必ず意見を述べました。

ニュースキャスターは中立であるべきであり、自分の意見を出すことにたいしては批判もありました。しかしさまざまな異論、反論、オブジェクションを人びとが自由に述べあうところから新しいものが生まれる、そういう市民の言論を活性化する

＊2　筑紫哲也さん
一九三五～二〇〇八。大分県生まれ、朝日新聞の東京本社政治部、ワシントン特派員、外報部次長などを経て、テレビ朝日〈日曜夕刊！こちらデスク〉のメインキャスターも務め、八四年から『朝日ジャーナル』編集長。「若者たちの神々」「新人類の旗手たち」などの企画で時代を切り取る。八九年に朝日新聞社を退社、ＴＢＳ〈筑紫哲也ＮＥＷＳ23〉のメインキャスターとなった。

＊3　福沢諭吉の『文明論之概略』
福沢諭吉が明治八年（一八七五）に刊行した文明論。西洋と日本

ことが報道番組のひとつの役割であると筑紫さんは信じていたんですね。

多事争論が消えてなくなったとき、知らない間に世界は息苦しくなって、人びとの心が非常に偏頗《へんぱ》になる。偏頗とは「かたよって不公平」なことですが、当の本人たちはまったくそれに気づかないということがあるんですね。その状態を福沢諭吉は「惑溺」と称しました。

ある事柄に惑い、溺れてしまって、自分自身のやっていることをもうひとつの目で見ることができない。しかし本人は、えらく真面目であり、なおかつ真剣である。

しかしながら、そのような心がつくり出す社会のいろいろなできごとは、本人のみならず、社会そのものの大きな動きを誤らせてしまう。まことに始末が悪い。そういう場合があるんですね。

日本のなかでそのような問題が起きないとは必ずしも言いき

の文明を比較、「一身独立して一国独立す」と説き、国民が独立心を養ってこそ、その国が近代的国民国家に成長できると訴えた。また、「自由在不自由中（自由は不自由の中にあり）」として、真の自由は他者の自由の尊重（自己の不自由）の上に成り立つものと指摘した。

れない。かつて、わたくしたちの社会のなかでひとつの見かただけが猛威を振るい、多事争論がなくなっていった事実がある。二度とそういうことは起こさせないという反省のうえに、たぶん「多事争論」というコーナーを筑紫さんはつくったのではないかと思います。

領土問題や歴史問題になると……

　いまさらこのようなことを言わなければいけないのかとの、忸怩《じくじ》たる思いがわたくしにはするわけですが、韓国大統領の天皇陛下にたいする謝罪要求発言[*4]は、ほんとうに日本国民の感情を傷つけたと思います。どうして戦後の、少なくとも平成になってからの日韓双方のさまざまな積み上げを無視してあのようなことを言う必要があるのか……。

　あるいは中国において日本企業の店が襲われ、日本製品が打

＊4　韓国大統領の天皇陛下にたいする謝罪要求発言
李明博韓国大統領は、二〇一二年八月十四日、「日王（天皇）は〝痛惜の念〟などという単語ひとつを言いに来るのなら、訪韓の必要なし」「韓国に来たければ、韓国の独立運動家がすべて亡くなる前に、心から謝罪せよ」と要求。八月十七日に野田佳彦首相が李大統領宛てに送った親書を韓国側は二十三日に日本の外務省に返却しにきたため、外務省では敷地内への立ち入りを拒否した。

＊5　「暴支膺懲」
戦意高揚のため大本営が、とくに昭和十二年（一九三七）からの

ち壊される光景をテレビで見れば、「あの国はなんと……」という言葉を失ったかもしれません。かつて「暴支膺懲」[*5]という言葉がありました。暴れる支那をこらしめる。そういうことさえ思い出された人もいるかもしれない。

日本、韓国、中国、いずれにおいても、領土問題や歴史問題になると、惑溺、あるいは偏頗な心が、ある種集団的な現象として起きてしまう。そうすると、そこには異論反論オブジェクションという言論空間が、ますますなくなっていく。

思いますに、そういうことが日本において明確に出てきたのは、朝日新聞阪神支局を襲った、いわゆる赤報隊事件[*6]ではなかったか。そのときに、「反日」なる言葉が人口に膾炙いたしました。

「反日」がなにを意味するのか、誰もこれを明確に定義できません。しかしこの一語は、いまもってもっとも使いやすいキーワードになっています。まさしく「反日」のレッテルを貼るこ

日中戦争時に用いたスローガンであり、「暴戻支那を膺懲す」の略。暴支膺懲国民大会なるものも多く開かれた。用語解説が必要なほどに過去の歴史用語と化していたが、近年の中国の、とくに外洋への覇権主義を目の当たりにして、日本でもふたたびネット上でこの四字が復活してきている。

＊6　赤報隊事件

昭和六十二年（一九八七）一月の朝日新聞東京本社襲撃事件を皮切りに、同年五月三日の憲法記念日には朝日新聞阪神支局に男が侵入、編集室にいた三人の記者に散弾銃を発砲し、一人を翌日死亡させた。「日本民族独立

とによって、相手の言葉を奪う。言論を封殺する。あるいはレッテルを貼られることへの恐怖からものが言えなくなる。あるいはものを言おうとしても、口ごもってしまわざるをえなくなる。

マッカーシズム

わたくしたちは中国の一党独裁についてはよく知っておりますし、ましてや北朝鮮のような個人崇拝がゆきすぎた社会の独裁についてもよく知っています。

しかし一方において、民主的な社会のなかに、独裁とはちがったかたちで専制が跋扈《ばっこ》することがありうるということは、いまから約二百年近く前になるでしょうか、アメリカ社会について非常にすばらしい分析をしたフランスのアレクシ・ド・トクヴィル[*7]という人が、その著『アメリカの民主政治』に書いてお

義勇軍別動赤報隊一同」を名乗る犯行声明は、「反日分子には極刑あるのみ」など暴力的な言辞に終始しており、その後も朝日新聞名古屋本社の寮や静岡支局、リクルート前会長邸や愛知韓国人会館などにたいして九〇年まで言論テロが続いた。

＊7 アレクシ・ド・トクヴィル 一八〇五～五九。フランスの政治思想家。ノルマンディーの大地主の家柄だが、一族にはフランス革命時に処刑された者もいたという。裁判官を経て、一八四八年の二月革命のときに革命政府の議員となり、翌年に四十三歳で外相。ナポレオン三世の

ります。

筑紫さんの頭のなかには、冷戦期の一九五〇年代にアメリカを席捲《せっけん》したマッカーシズムがあったと思います。ジョセフ・マッカーシー*8という、もともとはうだつの上がらなかった上院議員が始めた、アメリカでのいわゆる赤狩りですね。

ある種の集団的なファナティシズム、福沢の言葉を使えば集団的な惑溺状態が起きた。ソビエトの回し者がわれわれの隣に潜んでいる、アメリカ社会の自由と民主主義を内側から蝕む彼ら、憎むべき敵を摘発し、追放せよと叫ぶ人びとが下院の非米活動委員会を主な舞台に絶大な力をもった。

「レッズ」と言われたら最後、蔑視すべき対象、唾棄すべき人間として社会から放逐されなければいけない。恐怖と不安と猜疑が煽り立てられ社会のなかにもだんだんと広がっていく。

ハリウッドでは多くの監督や俳優がいわば「踏絵」を踏まされました。このとき告発する側にまわった者とそうでない者と

クーデタにより逮捕され政界を去った。その後、渡米して新興の合衆国を見聞した経験を基に著したのが『アメリカの民主政治』。これは講談社学術文庫、岩波文庫で読める。

*8 ジョセフ・マッカーシー 一九〇八～五七。一九四六年から上院議員（共和党）。五〇年二月、「正規の共産党員か、共産党に忠誠であると思われる人物二百五十人のリストを持っている」と発言。五二年、上院政府活動委員会常設調査小委員会の委員長に就任。政府内部や陸軍、映画界など娯楽産業から共産主義者をあぶり出し非難する反共十字軍的活動に血道をあげた。

のあいだに生じた深刻な対立はいまなお残っています。

戦後日本にとってアメリカは輝かしいモデルでした。アメリカのようなデモクラシーを、地域のなかからつくっていかなければいけないと。かの国はつねに日本にとって仰ぎ見るべきモデルであり、先行者であり、ある意味においては師でもありました。そのアメリカにしてマッカーシズムのような動きがあり、テレビや新聞や、さまざまなメディアにおいて猖獗《しょうけつ》をきわめる事態が起きた。民主主義がじつは放っておくといかに脆弱であるのかが如実に示された。

それを見た戦後日本の知識人たちは、驚くと同時に、いままでのアメリカ観が大きく変わっていくわけです。ついこのあいだまで「非国民」のレッテルを貼られることに怯えていた日本人にとっては他人事ではなかった。これはアメリカにたいする、ある意味では冷静な見かたをできるきっかけをつくったんじゃないかと、わたくしは思います。

不寝番の役割

いまからみると、マッカーシーという人物は、じつにちっぽけな男でした。そしてマッカーシズムを後からふりかえれば、なぜあんな男がある一時期、大統領以上に大きな存在として、闊歩《かっぽ》する事態が起きてしまったのか、わたくしたちの自由と民主主義、世界の希望でもあるはずのアメリカ合衆国の社会が翻弄されたのか……とアメリカの国民たちはいろいろな反省をし、教訓をくみとろうとしました。

その最大の反省と教訓こそが、

「かつて起きたことは必ず起きる。かつてなされたことは必ずなされる。太陽の下、新しいことはいっさいない」

ということなんですね。

ある日、どんな外見か、どんな語り口かはわかりませんが人びとの心をとらえる者があらわれる。彼はマッカーシーのように非常に戦闘的な、自由を守る騎士、十字軍のようなかたちで勇ましくあらわれるかもしれない。あるいはきわめてソフトにささやくように、理知的な言葉で憎悪をまき散らすかもしれません。気がつけば恐怖が周囲を支配し、多くの人びとは沈黙する。

筑紫さんが「多事争論」と言ったとき、どんなに民主的な社会も、そのような可能性をいつも秘めている。だからわれわれは、ある意味においては目覚めていなければいけないとの強い思いがあったのでしょう。

そのための不寝番の役割を担うのがメディアだとわたくしは思います。まさしく寝ずに周囲を見張り、なにかあったら誰よりも早くそれを適切な言葉で伝えること。たとえそれがどんなにタテマエと言われようと言われまいと、メディアは社会の公器として自立していなければならない。とりわけ新聞はそうだと思います。

新聞が斜陽化しつつあるというのは事実でしょう。しかし、少しずつ部数が減り、営業的に苦しいと言われようとも、新聞の最後の立つべき基盤とは、自分たちこそが社会の不寝番、時代の不寝番であるとの矜持です。いざというとき、疲れて眠りこんでいる人びとに大きい音で知らせてたたき起こすのが、その本来の使命であろうとわたくし自身は思っています。

しかし残念ながら、戦前の歴史を見ると、不寝番どころか、最初に軍部の片棒を担いで[*9]突っ走ったのは新聞でした。部数の拡大の前に目がくらんだのかもしれません。

その大きな反省のうえに、戦後の日本の新聞は出発したはずです。北海道新聞はまさしくその初心を忘れずにいる、地方を代表する、押しも押されもしないほんとうに立派な新聞だと、わたくしは思います。これはけっしてお世辞で言うのではありません。

＊9　軍部の片棒を担いで
戦前からの新聞紙法は新聞等の定期刊行物を検閲対象とし、日中戦争勃発後の昭和十三年（一九三八）に国家総動員法ができてからは言論統制が徹底したが、マスコミは積極的に戦争に協力。見出しで振り返ってみても、「ハワイ・比島に赫々の大戦果」（太平洋戦争開戦）や「確保せよ〝南の富〟　洋々たり、我が資源作戦」（南方進出）、「多年の念願実現　半島同胞徴兵制施行に歓喜」（朝鮮に徴兵制）などと、国民を煽った。

今後、ふたたび新聞は風圧にあい、有象無象のちっぽけな現代のマッカーシーたちによって、批判や非難や誹謗中傷を受けるかもしれません。しかし、歴史をふりかえれば、けっきょくはマッカーシーは歴史から退場せざるをえなかった。勇気をもって、かつ謙虚に進んでいっていただきたい。

室原知幸という人

さきほど保阪さんから、「下からのナショナリズム」についてのお話がありました。

考えてみれば、国とはなんでしょうか。国を愛するとはどういうことでしょうか。

わたくしは熊本に生まれました。国籍は韓国です。そしてわたくしは、保阪さんが北海道を愛するのと同様に、日本のふるさとを愛しています。

熊本をこよなく愛する点において、わたくしは誰にも負けていません。そしてこの日本の美しい社会や風土を愛する点においても、誰にも引けを取らないと思っている。

父親と母親は半島で生まれ、さまざまな経緯で熊本に住まうようになり、わたくしが生まれました。それがすべての出発点です。誰よりも父親、母親が熊本を愛し、またわたくしも熊本を愛し、地球上でもっともすばらしい場所だと、いまでも信じて疑いません。そうであるがゆえに、わたくし自身は熊本と九州の運命についてわがことのように考えざるをえない。

わたくしは、かつて十年近く前に、『愛国の作法』という本を書きました。ペイトリオティズム（パトリオティズム）はわたくしにもよくわかります。まさしく、わたくしにとって、ふるさと熊本はそのような、自分の愛着の対象です。

しかし、よくよく考えてみますと、熊本にはその愛郷心ゆえに、国にたいして異議申し立てをせざるをえなかった歴史的な事件がたくさんあります。

まず挙げるべきは、あの水俣病をめぐる問題。国策で進められたチッソの行為の果てに起きた事態。国はどれだけ当事者、あの水俣の海を愛していた人びとに手をさしのべたでしょうか。水俣病の患者は何十年にわたって、事実上放置されてきました。

あるいは「蜂の巣城」紛争。わたくしの知っているもっとも愛すべき人であった室原知幸[*10]という人は、国策で進められた下《しも》筌《うけ》ダムの建設に最後まで反対しました。五木の子守唄で知られる美しいふるさとが水のなかに沈んでいく、これは耐えがたい。だから国にたいして直訴をする。

かつての日本には「諫争」という言葉がありました。江戸幕藩体制において、道を失った主君や公儀に向かって、忠なるがゆえに、つまり忠誠を誓う家臣であるがゆえに、身を挺してそれを諫めることがあった。こうした伝統は封建制社会の日本に

＊10　室原知幸
一八九九〜七〇。熊本の山林地主。昭和三十二年（一九五七）に建設省が筑後川治水のため下筌・松原ダムの建設を計画。室原らの暮らす志屋集落が水没することになり、反対運動の指導者となった室原はダム予定地の山腹に「蜂ノ巣砦」を築き、次つぎに訴訟を起こして戦った。その闘争の顛末は、松下竜一『砦に拠る』（ちくま文庫）で読める。

はあったわけです。山本周五郎の『樅ノ木は残った』[*11]も、そのひとつかもしれません。

自分の属している社会や共同体に、忠なるがゆえに反逆する。これは丸山眞男の言葉を借りれば「忠誠と反逆」でしょう。

愛郷心なくして愛国心はありえない

わたくしは、ある意味において、ミナマタが起きてフクシマも起きたと思います。地域に生きている人びとの生活と愛着の心、それが国家の振りかざす国益と相反することがある。戦後民主主義は、それをわれわれに初めて教えてくれました。明治以降の帝国日本であれば、地域に生きている人びとの生活に根ざした愛郷心が国と相反する場合があること自体が否定され、声を出すことは、ほとんどできなかったでしょう。

愛郷心イコール愛国心ではない、そして愛郷心に裏づけられ

＊11『樅ノ木は残った』
江戸前期、伊達家六十二万石のお家騒動に材をとった山本周五郎の時代小説。一九五八年講談社刊（現新潮文庫）。仙台藩の重臣原田甲斐は、幕府の外様大名取り潰し策に抗し、己に悪名が着せられようとも一身を賭して藩を守る。それまでの甲斐を悪玉視する解釈をしりぞけ、組織と人間の問題を提起した。本作は平幹二朗主演で七〇年のNHK大河ドラマにもなった。

ない愛国心は空疎である、わたくしは、いつもそう申しあげているんです。みなさん、どうでしょうか。

いま、東京や大阪など大都市で叫ばれている愛国心とは何でしょうか。これだけの過疎化が進み、地域が疲弊し、所得の格差が増え、雇用が不安定になり、多くの人びとが日々悩みながら、苦しみながら生きている。そういう声はほんとうに中央に届いているでしょうか。中央の人びとは、地方の一人ひとりの愛郷心をきちんと吸いあげているでしょうか。

わたくしには、そうは思えません。

いま、愛国心を声高に説く人びとの故郷はどこにあるのでしょうか。二世、三世議員たちは、東京での暮らしがすべてで、ひょっとしたら地域を選挙の地盤としてしか見ていないのではないか。そして東京の、中央の目から日本を睥睨《へいげい》し、そこで威勢のいい言葉が発せられる。

愛国心と愛郷心が時には相反するときがある。そして、もし国を誤った方向に向かわせるならば、まさしく愛郷心に基づいて、それにたいして発言をしていかなければならない。それがほんとうの意味での国を愛するということでしょう。

わたくしは、愛郷心なくして愛国心はありえないと思っています。

小の虫にも

室原知幸という人物は、その最期まで下筌ダムに抵抗しました。もちろんそれは単なる反骨ではなかったと思います。もとは旧社会党系に属していた人であると同時に、多くの山をもった地主さんでもありました。

高校時代に見たあるテレビ番組のなかで彼が言ったことをいまでも憶えています。

それはこんな内容でした。

「日本の歴史は、大の虫を生かすために小の虫を殺してきた。しょせんわれわれは小の虫かもしれない。でも、小の虫にも何分かの魂がある」

わたくしは、それに非常に感動いたしました。

日本の一億二千万の人口のうち、いま、どれだけの数の人が苦しい状況に置かれているのか。おそらく千万単位の人びとが、過疎化や、地域の流砂のような崩壊、あるいはそれに向かいかねない現状に追いこまれていることは明らかだと思います。

この北海道においても夕張[*12]に象徴されるさまざまな問題が存在します。安心して地域社会のなかで愛郷心を持って暮らし、父や母、あるいはそれ以前の世代がこの北海道で生きてきた歴史を確実に継承していけないかぎり、中央で叫ばれている愛国心がどんなに空疎なものであるか。

そして、その大声で叫ばれている愛国心によって、国家と国家との関係が抜き差しならない方向へと向かっていくことにた

＊12　夕張

石狩炭田の中心だった夕張市は、昭和三十四年（一九五九）には人口約十二万の日本有数の炭鉱町に成長したが、「石炭から石油へ」のエネルギー政策転換で炭鉱は次つぎに閉山。一九八〇年代から炭鉱会社が設置したインフラを市が買収。観光に力を入れ、「夕張メロンと映画のまち」として九〇年代初めまでは地域活性化の成功例として注目されたが、人口は減り続け、二〇〇七年に財政再建団体に指定され、事実上財政破綻した。

いして、いま、室原知幸が生きていたならば、きっとなんらかの声をあげただろうと、わたくしは思います。

ローカル・インタレスト

九州はみなさんも知ってのとおり、中国と朝鮮半島（韓半島）に近い。

わたくしは数日前に、福岡市と釜山《プサン》市が進めている、ふたつの都市間の超広域経済圏構想という大きなプロジェクトの基調講演をさせていただきました。

地域は、地域の死活的な利益のために、国境を越えて対岸の地域と結びつき、それによって自分たちの生活、営みを、今後、展望していかなければいけない。それは場合によっては、東京発の言葉とは対立するかもしれない。

地域の利益、地域の関心……これをわたくしはローカル・

インタレスト、地域益、地益と言っています。国益があるなら、地益がある。グローバル化は、この国益と地益が必ずしも一致しないことをわれわれに示してくれました。

国益に基づいて、中国と日本に一朝事あれば、九州は生きていくことができません。韓国や中国とほんとうに密接に、日常的にかかわっている地域社会は、対岸の地域とスクラムを組みながら生きていくしか方法がない。

国境を越えて釜山市や福岡市のようにお互いに交流をしあう。たとえ日韓の間に国益のぶつかりあいがあっても、地域益、地益のために、お互いに交流をけっして途絶えさせないようにしていく、そういう人びとの思いが、九州のなかには生まれています。

北海道もロシアとの領土問題が解決されれば、きっとそのような考えかたに基づく試みが、地域のなかから立ち上がっていくのではないかと思います。

人間は新しい次元に進むことのできる存在

考えてみますと、ヨーロッパ統合はそうやってなしとげられました。一九七九年、わたくしは旧西ドイツからロンドンに行くときに、ドーバー海峡を渡りました。

そのとき、あるドイツ人といっしょになりました。ビジネスマンの彼はわたくしの横に座ってこう言いました。

「これからロンドンに行くけれど、週末にはドイツの地に帰ってくる」

わたくしはそのとき初めて、心底うらやましいと思いました。「なぜ玄界灘《げんかいなだ》を越えて、日本と韓国とがそのようにならないんだろうか」と。

みなさん、それから三十年余を経て、いまはもうドーバー海峡はトンネルで結ばれました。ヨーロッパは経済的にたいへんです。しかし、もはや島ともいえないような岩礁をめぐって、国と国とが戦争をおっぱじめかねないような事態には、まずならないでしょう。ヨーロッパの平和は達成されました。

いまの東アジアはそうではありません。しかし、われわれはそうなりうる可能性がある。

冒頭申しました「かつて起きたことは必ず起きる、かつてなされたことは必ずなされる」。これは冷厳な事実でしょう。しかし、人間は新しい次元に進むことのできる存在です。そうなれば、それがふたたび起きることになる。未来に向けて、わたくしたちは歴史を開いていかなければなりません。

地益を地域のなかに生きている人びとがしっかりと自覚し、その地益に基づいて、地域と地域とが広域的に結びつく可能性に開かれていくならば、われわれは歴史の轍を踏まないで、これからの未来に、若い世代に、新しい日本、新しい朝鮮半島の可能性を用意してあげられるのではないかと思います。

そのためにも、われわれは多事争論の立場で、地益と国益が時にはぶつかることがあっても、粛々と、地域に生きる人間として、わたくしたち自身の未来を築いていかなければなりません。地域の目が、わたくしたちの二十一世紀の未来に向けてどれほど大切かを、みなさんにもう一度、この場を通じて訴えたいと思います。

またメディアは、つねに不寝番として、多事争論の世界を維持していっていただきたいと思いますし、それを支えていくのはやはり読者だと思います。

読者の信頼なくして、メディアは立つすべを知りません。読者が背後で支えているとの自覚があって初めて、北海道新聞も、今後、この地で、もっともっと多事争論に向けて、新聞としての役割を果たしていけるのではないかと思います。

さまざまな意見を自由に堂々と言える、人びとが礼儀をもってそれに耳を傾ける。そういう社会をけっして失わないように

していただきたいということを申しあげて、短いですけれども
お話にかえさせていただきます。
どうもありがとうございました。（拍手）

「こころのケア」の歴史と未来

香山リカ

領域としてはまだ百年ちょっと

みなさん、こんにちは。香山リカと申します。

すでに保阪さんと姜さんが、国家、そして地域、またメディアという広い観点からのお話をされましたが、私はあえて、国や国家からちょっと外れた狭い領域、それもほんのひとつのエピソードについてだけお話ししたいと思います。

私の仕事は精神科医です。仕事の中身をわかりやすく言うと、「人のこころのケア」です。

いまや「こころのケア」は、多くの方々がよくご存じの概念になりました。しかしそれは、これまたみなさんご存じのように、あまり長い歴史があるものではなく、十九世紀後半から二十世紀初頭にかけて精神分析[*1]が生まれたり、あるいはカウンセリングの概念が誕生したりして、だんだん発展してきたものです。

領域としてはまだ百年ちょっとの非常に若い学問、テクニックといえます。きょうは、ただでさえ短い歴史しかない「こころのケア」の、さらに最近のお話をしようというわけです。

ただ、それは、いまの保阪さんや姜さんのお話ともいろいろ通じるところがあると思われ、学ぶべきことはとても多いんじゃないかという気がしています。

もっとも、まだ私は、このお話をまとまったかたちで人に話したり、書いたりしたことがないので、うまくお話しできるかどうか、それだけがちょっと心配なのですが、どうかよろしくおつきあい願います。

＊1　精神分析
精神科医のジークムント・フロイト（一八五六〜一九三九）が体系化した人間の心理の理論と、神経症治療の技法の一種。人間の行動は無意識によって左右されるという仮説に基づき、その無意識を意識化することによって神経症の症状を解消することが目指された。フロイトの晩年は、「自我」「超自我」「エス（イド）」という心的構造論が神経症治療に用いられた。

「ディブリーフィング」

二〇一一年三月十一日の東日本大震災の直後から「こころのケアを急げ」といったたぐいの言葉が、テレビ、新聞に非常に多く飛び交ったと思います。みなさんはそれを見たり聞いたりされたときに、いったいどんなイメージをおもちになったでしょうか。

おそらく多くの方は、精神科医とか、臨床心理士とかの「こころの専門家」が、現地に駆けつけて、被災者と呼ばれる人たちに駆け寄って、とにかくお話を聞くとのイメージを持ったのではないでしょうか。

たしかに、ついここ数年前までは、大きな災害や大きなトラブルに直面した人たちへのこころのケアは、

「まず近寄って、その人たちのこころの内をさらけ出しても

らう」

のが基本とされていました。そのときどんな体験をしたのか、どう感じたのか、とにかく一刻も早く、ネガティブな感情も含めて自分の中身をありのままに語ってもらう。

これは専門用語でいうと「ディブリーフィング」[*2]と呼ばれるタイプの手法です。東日本大震災でも、被災地に入ってそれをおこなった専門家たちがいました。

みなさん、ここまでお聞きになって「ほう、そうか。なるほど」なんて思われたら、じつは困る。この先があるんです。

PFA

阪神淡路大震災の後につくられた「兵庫県こころのケアセンター」[*3]というところがあります。日本における「こころのケア」の中核施設といっていいと思います。ここから「さらけ出しの

＊2「ディブリーフィング」　精神的ショックを受けたり、災害に遭遇しトラウマとなるような体験をした人びとにたいし、体験後二、三日〜数週間といった急性期に、それについてくわしく話すことでつらさを克服してもらおうとしておこなわれる支援方法をいう。debriefはもともと軍隊や外交の用語で、任務から戻った者に「事実確認する」「状況報告を聞く」といった意味。

＊3　兵庫県こころのケアセンター　一九九五年一月に起きた阪神淡路大震災を契機に、被災者や被

こころのケアはやめるべきではないか」といった内容の文章が発表されたんです。東北が被災した直後のことです。

では、どうすればいいのか。

「さらけ出しのこころのケア」に待ったをかける専門家たちが、「そのかわりに、これをやってください」とインターネットなどで公開したのが、ＰＦＡ（Psychological First Aid）というマニュアルです。もしかしたらご存じの方もいらっしゃるかもしれませんね（http://www.j-hits.org/psychological/index.html）。「サイコロジカル・ファーストエイド」、すなわち「こころの応急処置」ですが、これはアメリカの国立ＰＴＳＤセンターなど、アメリカにおいてトラウマ、こころの傷を持った人たちへのケアをおこなう機関が二〇〇五年に発表したマニュアルに基づく方法です。

この内容をご覧になったら、みなさんきっと驚かれると思います。なぜかというとこれまでの「こころのケア」とまるでち

害者のトラウマや、その結果として生ずるＰＴＳＤ（心的外傷後ストレス障害）などのケアに取り組んできた兵庫県が、「こころのケア」に関する全国発の拠点として設立。研究や研修、情報発信、相談や診療などをおこない、「ヒューマンケア」理念に基づく人材の養成もしている。

がう。要は「こころの応急処置では、こころのなかに立ち入るな」と言っているんです。

・まずは被災者の方たちの安心や安全を確保しましょう。
・目の前で、食料とか毛布とか、いま必要な物がなにか、現実の話を聞き、できればその手配をしてあげましょう。
・どこの役所に行けばいいのかなどの情報が必要な人には、それを伝えてあげましょう。

こんなことが、いくつかの項目で書かれているだけなんです。また、応急処置のマニュアルには、もっと厚いものがありまして、それを見ますと、そこには「これをやりなさい」ということ以上に、「これをやってはいけません」ということが実に多く書いてあります。そのやってはいけない「べからず集」のなかに、さきほど申しあげた「さらけ出しのこころのケア」が入っている。

話したくもない人に怖かった体験を全部しゃべってくださいなどと立ち入りすぎること、これはやってはいけないと書かれているんです。この変化ですね。

ついその直前まで、二〇〇〇年代の最初のころは、日本だけじゃなくて、アメリカでもオーストラリアでもカナダでもフランスでも、みな、こころのケアといえば、とにかく人に近づいて、思いのたけを包み隠さずに全部話してもらうことだと思いこんでいた。

ところがわずか数年で、それはむしろ有害だとまったく考えが変わってしまったんです。

九・一一の衝撃

転機は九・一一。アメリカの同時多発テロでした。あのときはまだ、「さらけ出し法」のほうをみんな信じこんでいたんですね。高層ビルから逃げた人、その救援にあたった消防士、テロを目撃した人に、さらけ出し法によるケアがおこなわれました。

ところが、その数年後に追跡調査をしてみたら、ケアをしてもらった人たちのほうが、それをしなかった人よりも、より大きなトラウマを抱え、後遺症に悩まされていた……。じつに皮肉な、残念な結果が出てしまったんです。

自分たちはもちろんよかれと思って、後遺症を残さないために、いちはやく「さらけ出し法」によるケアをしたのに、数年後にフタを開けてみたら、なんのことはない、そんなことはしなきゃよかった、したほうがまちがいだったとわかった。これは、こころのケアをおこなった専門家にとって、ものすごい衝撃でした。でも、その後、対応は早かった。こころの傷のケアをやっていた専門家、研究者たちは、自分たちがやってきたことはたいへんな誤りだったんじゃないかと反省した。

とにかくまず、大きなこころのダメージを受けた人には、よけいなお節介はしないことがよしとされるようになりました。

こころのなかに立ち入ってあれこれほじくり出すなんていうことはせずに、まずは目の前の現実でできる生活の援助をすることが、私たちにできる最大限のことなのであって、それ以上のことをいくら専門家だからといって安易にやってはいけないと発想を転換したわけです。そうやってできたマニュアルを、アメリカの国立PTSDセンターが二〇〇五年に発表し、日本の人たちも「そうだったのか」と受け取ったわけです。

しかし、この「こころに立ち入りすぎてはいけない」という専門家たちの発見——というより過ちへの気づき——は、ほんとうに九・一一以降の研究で初めてわかったことなんでしょうか……。

じつはそうではないんです。

してほしくなかったこと

阪神淡路大震災がおきたのは一九九五年。九・一一よりもずっと前です。

あのときにたくさんの犠牲者が出ましたね。そのなかでもとくに、自分のお子さんを亡くされた親たちは、もうほんとうに想像もできない悲嘆、悲しみにあったと思われます。この人たちにずっと寄り添って、この人たちへのさまざまなケア、支援をしていた髙木慶子《たかきよしこ》さん*4という方がいらっしゃいます。

この人は上智大学の「グリーフケア研究所」の所長さんで、こころのケアの本を何冊も書かれています。本にはカトリックのシスターの姿で著者のお写真が載っていますから、それをご記憶の方もいるのではないでしょうか。

髙木さんは、阪神淡路大震災でお子さんを亡くされた方たち

＊4 髙木慶子さん
一九三六〜。上智大学大学院神学研究科博士前期課程修了。終末期患者や遺族のこころのケアに携わる。生と死を考える会全国協議会会長、日本スピリチュアルケア学会副理事長、日本グリーフケア研究所所長。阪神淡路大震災だけでなく、二〇〇五年に起きたＪＲ宝塚線（福知山線）脱線事故、東日本大震災の遺族らに寄り添い、「グリーフ（悲嘆）ケア」を長年続けている。

に四年半もの間、ずっと寄り添いつづけ、そのなかで聞き取りをおこなったり、アンケートに協力をしてもらったりしました。その結果を学術論文のかたちにまとめ、二〇〇七年には『喪失体験と悲嘆―阪神淡路大震災で子どもと死別した34人の母親の言葉』（医学書院）という本として刊行されました。

そのなかに、母親たちの言葉だけではなくて、その人たちにアンケートを取った結果などもまとまっているんですが、それを見ると、これまた専門家がショックを受けることが書いてあります。

たとえば、

「して欲しくなかった新たに傷ついた事柄」

という質問項目があります。

その一位はなんだと思いますか？

なんと、それは、

「解ったふりの同情のことばや押付けがましいことばを受けた

こと」

第二位、これは私にとってほんとうにショックでした。

「心の傷を新たに深めるような精神科医やカウンセラーの対応」

精神科医やカウンセラーがわかったような顔をして、どうですか？　専門家ですよ？　はい、私が来たから、もうみなさん大丈夫、なんていう態度を取られたことが、ほんとうはしてほしくないことだった……。

第三位は、

「心ない言葉や態度で慰められたこと」

これは具体的に見ると、ご本人がそう感じたということであって、おそらく慰めた側は、こころないなんてつもりは毛頭なくて、あくまで励まそうと思って言った言葉なんでしょうけれども、とにかくなにか言われるのが、押しつけがましい言葉に感じられてイヤだった、とにかく傷ついたということでしょうか。

『論語』にこうありましたよとか、仏陀いわくとか、ちょっと見当がつきません、そういったわかったような、利いた風なこと。そこには専門家の「ディブリーフィングをしましょう」なんて物言いもあったかしれません。

なにをいまさらエラそうに

もちろん「して欲しかった事柄」というのもあります。私たち専門家としてはそれは「専門的なケア」と、こうきてほしいわけですよ。

ところがその第一位は、

「とにかく、そっとしておいて欲しかった」

第二位が、

「死者のために祈って欲しかった」

第三位に、

「独りになりたかった」

要するに、何もしてくれるな、できれば放っておいてくれ。してくれたことは、迷惑だとは思わないし、ありがたくもあったけれど、ホンネをいえば要らなかった、やめてほしかった。なにもせず、そっとしておいてほしかった。それでもなにかしたいと言うなら、せめて離れたところで祈っていてくださいという思い。介入したり、近づいたり、私があなたを何とかしてあげましょうなんていう、そんなことはけっこうですという声なんですね。

つまり、ここ数年、専門家たちは「こころのケアはこれからはさらけ出しじゃなく、応急処置なんだ」などと言っていますけれども、実際の被災者、かなしみの体験者は、とっくにそう訴えていたわけですよ。

「これからはサイコロジカル・ファーストエイドだ」

なんて、専門家はいま気づいたように言っているけれど、当

事者の方たちは、

「なにをいまさらエラそうに言ってるの、そんなことはあたりまえじゃないか」

と、きっと思っているでしょうね。

これが、私たちの世界でここ数年のあいだに起きたことなんです。

当事者のほうがよく知っている

私は、ここにはほんとうに多くの学ぶべきことが詰まっていると思います。

まず、専門家は、いや、もっといえば人間とは、あやまちを犯す存在だということです。九〇年代には「さらけ出し法」が究極の答えのように私たちは思っていました。一般の方たちにたいしても、「とにかく思ったことはなんでも話したほうがいい。

むしろそれを聞く専門家が足りないのが問題だ」などと発信していた。でも、それは誤りだった。

もちろん状況によっては「さらけ出し法」が有効な方もたくさんいますよ。でも、とにかく大震災のような、命にもかかわる問題の場合にそれは通用しなかった。

しかも、ちょっとしたあやまちじゃなくて、完全にまちがっていた。まったく逆だった。私たちがよかれと思ってやってきたことは、むしろ有害だった。それだったらやらないほうがましというぐらい、まちがったことをしてきてしまった。でも、そういうことが実際にはあるということです。

また安易に人間のこころの問題を理解できるとか、あるいはコントロールできるなんて思いこんでいたのは傲慢でした。これも私たちが学ぶべきことだと思います。

いくら学問だから、専門家だからといって、人間のこころのいちばん繊細な部分まで、すべてがわかるわけはないんです。

それなのに、

「わかってるよ、私は専門家だから。人間のトラウマなんて、どうやって手当てすれば後遺症にならないか、そんなのはお見通しだよ」

なんて態度がどこかにあった。

さらにいえば、学者や専門家、あるいは国家的なプロジェクト、国立や公立のケアセンターとかトラウマセンターなどと称する機関が「ようやくここ数年、私たちはこういう考えに到達しました」なんてアナウンスする以前に、じつは当事者のほうがよく知っていることがある。

専門家とか、大きな国家的プロジェクトだからすばらしいというわけではない。大きなものとか、おカネをかけたものに真実が宿っているわけでもない。

さきほど姜さんのお話にもありましたが、むしろ日々の生活のなかで、ひとごとではなく、わがこととして経験している人、地域で目の前の現実に向き合って暮らしていらっしゃる人たちのほうが事態を把握し、知っている。そういうことはたくさんある。

私はたまたま「こころの分野」の専門家ですから、いまこのことをみなさんにお話ししていますが、じつはほかのさまざまな問題でも同様なのだと思います。

もっと敬意を払いながら

専門家と言われる人、政治家と言われる人、東京とか大阪の中心でわかったようなことを言っている人が、あたかも自分でいま発見したように騒いでいることが、地域で日々生活をしている人たちから見れば、
「そんなことわかってるよ、いまごろ大発見のように言われなくても、あたりまえじゃないか」

との幻滅につながるようなことは、おそらく多くあるんだろうと思います。でも、その人たちは、そのことをなかなか表明したり、発言したりする機会がないので、それがあまり伝わっていないだけかもしれない。

そういうことにたいして、私たちはもっともっと謙虚になるべきでしょう。生活していらっしゃる方、地域にいらっしゃる方、あるいはいろんな経験、とくに困難な経験をしている方にまっすぐに向かって、お話とご意見を聞かせていただく。これはこころのケアの分野だけじゃなくて、ありとあらゆる専門的な領域と言われるところで、おこなわなければいけないことなんじゃないか。

そして、そのときには俗にいう「上から目線」であってはならない。ある種の敬意を払わなければいけないと思いますね。

最近の日本の社会では、どうも強い人だけが大きな声でものを言う、これが許される。いろいろな事情で困難にある方、弱い立場にある方、病んでいらっしゃる方にたいして「甘えている」だとか「社会保障費を無駄に使っている」とか、果ては「国益に寄与していない」などと排除しようとしているように思われてなりません。

それは敬意とはまったく逆ですね。一部の人たちを叩き、痛めつけて、「オレたちはあいつらとはちがう、自分たちは大丈夫なんだ」と安心を得ようとする、そんなおかしな心理が働いています。本来は、困難や苦しみに直面し、それでも粛々とご自分の生活を営んでいらっしゃる方に、私たちはもっと敬意を払いながら、その人たちのお話を聞かせてもらわなければいけないんじゃないかとも思います。

あやまちては……

しかし、あやまちを犯すから、もうおしまいだ、なにをやったって無駄なんだということではありません。

　ここはちょっと手前味噌みたいな感じですが、こころのケアの領域に関してひとつ評価したいのは、あやまちを認め、方針を変えたことです。

　正直なところ、それはとても恥ずかしいことですよね。これまで「こころのケア」といえば、とにかく一刻も早くすべてを語らせることがいちばんだと思いこんで、それを広めてきた。それも阪神淡路大震災の経験者の方たちはとうに気づいていたのに九・一一の後に、アメリカから「どうもこれはちがうぞ、これまで自分たちがやってきた方針はまちがっている、しかも、完全にまちがっていた」なんていうことに気づかされた。

　ふつうに考えると、それはくやしい。だから、「いや〜、まちがってるわけじゃないんだけどね」などと言いながらちょっとだけ変えたり、あるいは変えたことを「発展的解消」と称したりする。ほんとはやめさせられるのに「いや、これは卒業です」なんて、前向きな言いかたをする人もいます。要するにくやしまぎれです。

「まちがってたわけじゃないんですよ。これでもよかった。でも、さらにいい方法が見つかった」なんて言いたいところですが、ここはケアの専門家たちは謙虚だった。

「どうもいままでやってきた方法は、有効性が認められませんでした。むしろ悪い結果が出ました」

というのを、いちはやく公表し、それに代わる「サイコロジカル・ファーストエイド」を発表したわけです。

しかし、この応急処置法は、さきほども言ったように、専門家からするとちょっと屈辱的なぐらいの簡単な方法なんです。「声をかける」「いまなにが必要ですかと尋ねて、できたらそれを届ける」とか、小学校一年生でもできるような、子どものお使いみたいなことが書いてある。専門家としては、こんなマニュアルでいいんだと認めるのはかなり勇気が要ったでしょう。

ほんとうは「いや、これは専門家にしかできないんですよ。むずかしい無意識の分析がありまして」なんて見栄を張ることはやめた。

「そんなことは必要ない。まずはこういった大災害のときには、目の前の現実に対する応急処置、これでいいんです。これ以外はしちゃいけないんです」と、二〇〇五年にアメリカがいちはやく発表して、日本やほかの国の研究者も「そうだ」と言って、それを共有した。ここは私、潔かったなと思います。

変える勇気

このように、あやまちはないほうがいいけれども、どうしたって人間はあやまちを犯す。だから、なるべく早く現実を認めて必要な訂正をする。このくりかえしじゃないかと思うんです。もちろんとりかえしのつかないあやまちというものもありますが、それでもこのプロセスしかない。

これまで戦争などの重大な問題でも、途中であやまちに気づきかけた人は必ずいたはずですよね。しかし、あやまちと認めること自体が、それまでの自分の存在価値を否定することになりかねないので、みんな認めたがらない。これはあやまちじゃないんだ、もっとやればもっとよくなるんだなんて、逆方向に進んでしまう。で、結果が最悪の悲劇になる。

だから、あやまちだと気づいた時点で、あっ、これはしまった、じゃあ、変えましょうと、認めて変える勇気ですね。これはどんな分野やどんな社会、あるいは国家でも、いちばん大事なことじゃないかと思うんです。

こころのケアの領域に関しては、じつは私たちにできることはあまり多くない。お子さんを失った母親の悲嘆へのケアなんて、私にはおこがましくてとてもできないと思うのは自然なことです。その人たちはそっとしておいてほしいと思っている。

時間をくれと言っている。そこでできることは少ないことに、私たちは気づきつつあります。

いっぽうで、私たちの分野でも、脳科学というものが急激に台頭してきて、それがすべて解決してくれるんじゃないかと考えている人たちが、まだいることも事実です。これはちょっと心配ですね。また傲慢な方向、そっちに進んじゃうんじゃないか。「脳さえわかれば、こころの問題なんかきれいさっぱり、すぐ解決ですよ」なんて方向に突っ走ってしまうんじゃないかと、ちょっと危惧しています。

なにより自分の専門の領域、こころのケアの領域で、実際に経験されている方から少しずつ学びなおしていくことが先決だなと思っています。

さて、それではこの日本の国、社会はどうなんでしょうか。私たちはなにをあやまちとして認め、どう修正していくべきなのかという話は、最初の保阪さんや姜さんのお話に戻っていくわけなんですが、そのことについてはもし時間があったら、のちほどのトークセッションでも少しお話をしたいと思っています。

最後の話には、ちょっとふさわしくなかったかもしれませんが、私の領域で起きているたったひとつのエピソードから、多くが学べて、今後にも生かせるんじゃないかというお話をさせていただきました。

最初に申しあげましたように、この件についてまとめて話すのは初めてなんで、みなさんにピンときたかどうか、ちょっと心配なんですが、姜さんや保阪さんのお話に通じるところを、うまくみなさんのほうで見つけてくだされば幸いに思います。

どうもありがとうございました。（拍手）

トークセッション

記憶の引き出し

――第二部では若干の補足ののち、学生さんたちの質疑応答に入りたいと思います。

保阪　はじめに「国家の記憶の引き出し」についてちょっと補足させてください。

私たちはそれぞれ誰もが「記憶の引き出し」をもっているわけです。それで、たとえば故郷という言葉を聞いた瞬間に、その引き出しがあいて、いろんな記憶が飛び出してくる。それは言葉だけじゃなくて、ある風景の思い出であったり、音楽だったり、プルースト[*1]の小説みたいに匂いによるものだったりもする。私の場合、さきほどお話ししたように、札幌の中心である四丁目の交差点に立つといろんな光景、風景が連鎖反応的に出てくることがあるんです。

その記憶の引き出しのなかに、私たちが先達から、父母、あるいは祖父母の世代から受け継いだ倫理観、あるいはモラル、が詰まっている感じがします。

同様にどの国家も記憶をもっている。それを私たちは歴史というかたちで理解するわけですが、自分にとって忘れたいことがあるように、国家の記憶にも「これはどうにも都合が悪いし、消してしまおう、記録に残さないでおこう」というものがある。日本の場合は、教科書問題[*2]なんかを見ていると、そういう印象を受けます。

都合が悪かろうが錯誤であろうが、私たちは国家の引き出し――図書館や公文書館、博物館――のなかに詰まっているものの

＊1　プルースト
一八七一～一九二二。フランス人作家。一九〇九年から書き始められた大作『失われた時を求めて』は、プルースト自身の分身がその半生を語る物語。社交界など当時の風俗が芸術観などとともに綴られ「無意志的記憶」が基調となっている。語り手がマドレーヌを紅茶に浸し、その匂いによって幼少時を思い出す描写にちなみ、匂いがある記憶を想起させることを「プルースト効果」「プルースト現象」と呼ぶ。

＊2　教科書問題
一九八二年、歴史教科書において日本軍の「侵略」という記述

をきちんと知って整理させておく必要があるし、それを隠したり捨てたりしようとすることに敏感でなくてはならない。姑息な隠しだての動きはやめさせないといけない。それはどの国でも同じことです。

知ることは整理することであり、時代の引き出しに入れていくことです。それが次の世代から見て「ああ、前の世代はこういうものを、こういう整理のしかたで引き出しに詰めて残してくれたのか」ということになり、記憶は歴史としてつながっていくんだと思います。

フロイトと「見たくないもの」

香山　さきほど、あやまちを認めることからしか始まらないとのお話をしました。そのさい「こころのケアの分野で専門家たちのできることは少ない」なんて、ちょっと自虐的なことも

が、教科書検定の結果、「進出」という表現に書き改められた――とする報道を発端に日中の外交問題に発展した。八六年には、日本を守る国民会議編の『新編日本史』に中国が不満を表明。二〇〇一年に検定に合格した、新しい歴史教科書をつくる会の『新しい歴史教科書』も中国および韓国から批判を受けた。教科書問題は歴史認識問題であり、常に国際問題となってきた。

言っちゃったんですが（笑）、もちろんいいこと、効果的なことを言っている人もいます。

精神分析を打ち立てたフロイト。[*3] この人の名はみなさんもご存じでしょう。かれはヒステリーなどの患者さんたちの症状をどうやって解いていったか。それはある意味、とても簡単な方法でした。

フロイトはこう考えた。

患者さんは、こころの葛藤と言われる悩みごとを、本人もまっすぐ見られていないのだ。だからそれが身体の症状として出てくる。葛藤そのものに直面して――インサイトと言われますが――洞察することができれば症状も消えるはずだ。

この考えにもとづいてかれは患者にたいして自由連想とその解釈を中心とした「対話療法」を試みました。そうしたら、あら不思議、ヒステリーが治ってしまった。かくしてフロイトは「無意識」の領域の扉をひらいたんです。

＊3 フロイト
一八五六〜一九三九。オーストリア人の精神分析学者、精神科医。アシュケナジム（ドイツ語圏および東欧に移住したユダヤ系ディアスポラ）の家庭に生まれた。人間の無意識に注目し、精神分析を創始。無意識研究や神経症研究、PTSD研究などをおこない、それが後世、精神医学、臨床心理学の基礎となった。ナチの迫害により祖国を逃れ、イギリスで亡くなった。

私、これは、社会においても真理だと思うんですよ。

保阪さんや姜さんの話でも、いまの日本が置かれている状況の話がいろいろ出ました。みなさんもご存じのように、私たちの国はいま保守化して、いや、それ以上に右傾化してきているなどと言われてもいます。

こんなことを言うと、それこそ「おまえは反日か」と怒られるかもしれませんけれども、このところの憲法を変えろという議論に象徴される、威勢のいい、勇ましい傾向は、ある種の葛藤、集合的な無意識だと私は思っているんです。みんながほんとうに本質的にこれが正しいと思って論理的に選択しているのではなく、「見たくないもの」を回避するための症状ですね。

じゃあ、なんの葛藤が根っこにあるのか。それはもちろん経済の問題であったり、少子化にともなう人口減少とか、あるいは、これまで自信をもっていた科学技術があの原発事故によって否定されるのではないかとの恐れであったりもする。

あるいはいじめなど日本社会のモラル全体が低下していると か、子どもの学力まで低下していると言われて、私たちは自信がなくなっている。戦後の焦土から立ち上がり、奇跡の復興を遂げ、世界第二位の経済大国になったというサクセスストーリーが、中国や韓国の成長を前にして大きく揺らいでいる。

ほんとうはそれを素直に認めて、いま、日本はたいへんなことになっているんだ、これまでやってきたことはまちがっていたかもしれない、あるいは根本的な反省が必要かもしれないと洞察することが大事だと私は思っているんですけれども、それをしたくない、認めたくない人びとが、

「いや、大丈夫だ。強い日本になれば、こんな問題は全部解決するんだよ」

と叫んでいるだけなんじゃないか。

そういう意味では、私は政治家を〝治す〟精神科医が必要なんじゃないかなと思っているしだいです。（拍手）

日本人の情報行動

——北海道教育大学大学院からまいりました山下温子と申します。本日はすてきなご講演、ありがとうございました。私のほうからは姜先生にひとつ質問がございます。ご講演のなかでメディアに関する役割について触れられ、なかでも「新聞のもつ役割は大きい」「眠っている人びとを目覚めさせる役割がある」と指摘されたと思います。

私もインターネットやテレビでの報道、あとは新聞などでいろいろな情報を得ています。そのさいに新聞社やテレビ局によって立場が異なったり、ときには話を大きくさせてしまうような報道のしかたなどがあったりするんじゃないかと思うんです。

私たちが情報をきちんと正しく得て、後世に伝えていくために、取捨選択が必要になると思うんです。そのときに大切な視点ですとか、こういう見かたをしたらいいですとか、そういったことがあれば、教えていただきたいなと思います。よろしくお願いいたします。

姜 非常に重要なご質問だと思います。

わたくしは東京大学の情報学環というところに所属しています。[*4] 字面を見て中国の人は「ここはスパイ養成所ではないか」と危惧したというお話があるんですけれども（笑）、それはさておき、そこの同僚に橋元良明さん[*5]という情報行動論の研究者がいます。

かれはここ二十年ほど、日本人の情報行動についてくわしいデータを取ってきた。日本でいちばんよくデータを取った研究者といってもいいくらいじゃないかと思いますね。

＊4　わたくしは東京大学の情報学環というところに所属しています　東京大学全学にわたる「情報」諸領域を連携させて二〇〇〇年に創設された大学院が、「東京大学大学院情報学環・学際情報学府」。情報学環は研究組織であり、学際情報学府は教育組織である。このふたつの機関が相関して両立することで、情報学分野の総合的で高度な研究と教育を推進する独創的な組織となる。二〇〇四年には社会情報研究所（旧新聞研究所）を統合。なお、姜尚中本人は二〇一三年春に東大を辞し、聖学院大学教授に就任した。

わたくしたちのまわりには、いまやいろいろなデバイスがあるわけですね。パソコンはいうまでもないし、わたくしはいまスマートフォンを使っていますけれども、いわゆるガラケーもあるし、テレビもあるし、それ以外のさまざまなものもあります。

そのなかでいまもって活字メディアに親しむ人、新聞とか本を読む時間が長い人は、ほかにどういうメディアを使っているかを、橋元さんは初めて実証的に明らかにしているんです。

いまのご質問にかかわっていると思うので、橋元さんの解析のエッセンスをお伝えしたいと思います。もちろんわたくしの理解したかぎりということになりますが。

ケータイでいろいろな報道を見たりしている人は、活字にほとんど関心がないという。スマホはどうなっているかわかりませんが、ケータイで情報を手に入れている人は、新聞を読まない率が高く、読書量が極端に少ない。

＊5 橋元良明さん
一九五五〜。京都市生まれ。八二年東京大学大学院社会学研究科修士課程修了。東京大学新聞研究所助教授、社会情報研究所教授を経て、二〇〇〇年から情報学環教授。『メディア・コミュニケーション学』(編著、大修館書店)、『ネオ・デジタルネイティブの誕生』(共著、ダイヤモンド社)、『背理のコミュニケーション』(勁草書房)、『メディアと日本人』(岩波新書)などの著書がある。

いっぽうパソコンでいろいろな情報を手に入れている人は、活字にも比較的に時間を割いているとのデータが出ています。

つまりケータイだけですべての用を足している人は、自分がほしい情報だけしか見ていない。それ以外は知らないし、知ろうとしない。

まず、押さえておくべきは、メディアが多様化してツールが非常に便利になった分、知りたい情報しか知りたくないし、知らなくてかまわないという層が増えてきたという事実です。

メディアを比較衡量する習慣

姜　もうひとつ、橋元さんの研究でおもしろかったのは、地上波のテレビの、なんと申しますかしぶとさなんですね。

多くの人は、自分が知りたい情報だけを知りたいんですけれど、それでも「世間はどうなっているんだろう」とか「他の人たちはなにを問題にしているんだろう」などと思ったとき、いわば周囲を見回して「平均値」を知るためにテレビを見ていると分析できるらしい。つまりテレビの影響はかなり大きい。

ですから、わたくしは、全国紙より、NHKが変わったときに日本は変わると思っています。これはもう、歴然としているんです。朝日新聞だって熊本県ではせいぜい三万五千部を超えるかですから。

どの地方に行っても、NHKにたいする信頼度は新聞より高いといっていい。災害情報はむろんのことです。視聴率は、むしろ民放より高くなっています。これは、ふだん地上波を見ない若者も見ているということですね。支局はどこも一等地。熊本ではお城のすぐ近くにあります。地元職員には地方の名望家の人も多い。

こういった事情をふまえて、いくつかのメディアを比較衡量する習慣をつけてほしいんですね。自分の知りたい情報だけを

＊6　BBC

British Broadcasting Corporation（英国放送協会）。一九二二年、無線機メーカーが設立したイギリス放送会社（British Broadcasting Company）に、イギリス政府が受信機販売と放送の独占権を与えるかたちでラジオ放送を開始。二七年に英国王の特許状に基づく公共事業体「イギリス放送協会」に改組。三六年に世界初のテレビ放送を開始

知るのではなくて、それ以外の情報も押さえる。

その延長線でBBC[*6]をはじめ各国の衛星放送を見てほしい。アルジャジーラ[*7]などもね。NHKでいうとBSでしょうか。英語がわからなくてもいい、映像を見るだけでも取材の切り口はうかがえます。これはやはり重要なことです。

もちろん外国語はできるに越したことはない。みなさんは英語ができれば、ジャパンタイムズを読むのもいいと思います。

日本の全国紙は、日本語という非関税障壁に守られているわけです。そして八百万人、一千万人の読者を相手にしていますから論調がなかなか定まらない。でも、ジャパンタイムズは英語ですし、なにより数は少なくとも日本駐在、在住の外国人読者の求める記事を提供するのが重要な使命でもある。また、英語の記事では簡潔に、本質的なことがズバッと書かれている場合がある。ですから、わたくしは、英語の勉強でジャパンタイムズに目をとおすのもいいのではないかと思います。

した。視聴者は「受信許可証」を買うかたちで受信料を払う。

＊7 アルジャジーラ
ドーハ（カタール）に本社のある衛星テレビ局。一九九六年、カタール首長（政府）の支援を受けて開局。アラビア語と英語で二十四時間放送する。二〇〇一年のアメリカ軍のアフガニスタン侵攻時、ビンラディンのメッセージ映像の独占放映やアフガン国内からの戦争実況など、欧米メディアと視点の異なる報道で一躍その名が知れ渡り、「中東のCNN」といわれた。「アラブでもっとも自由かつ広い観点を持つTVネットワーク」（ニューヨークタイムズ評）。

北海道新聞は地域に根ざす地方紙の雄、ブロック紙[*8]ですから
こうしたものを読むのも大事でしょうね。

「知る権利」と購読料

——北海道大学教育学部からまいりました坂岡大路と申します。本日のお話を聞いて、歴史に開かれること、言論の自由と多事争論の大切さを学ばせていただきました。

さらに、自分から歴史を学んで自分なりに昇華させる姿勢があってこそ、豊かな歴史認識が可能になってくるのかなと考えたしだいです。

その点で、自分自身が受けていた歴史教育をふりかえってみると、教科書に書いてあることをひたすら暗記して、テストで点を取れればいいとの姿勢で勉強してきたなと思うんです。それではいけない。まわりから言われ

＊8　ブロック紙
もとは戦時中の統制経済下、「全国紙」「県紙」の他に、複数の都府県にまたがる販売地域を認められた新聞を「ブロック紙」と称した。戦後の一九五〇年に北海道新聞社、中日新聞社、西日本新聞社がブロック紙3社連合（新聞3社連合）を創設。記事の相互利用、海外取材網の相互補完などをおこなっている。この三紙に準じ、河北新報と中国新聞もブロック紙とみなす場合が多い。

たことを鵜呑みにするのではなくて自分から歴史を学ぼうとすることが大事である。そういう主体の形成に資するための教育は、どのようにすれば可能になってくるとお考えでしょうか。先生方のご見解をうかがいたく思います。

保阪　いまのご質問に私はふたつのことで答えたいと思うんです。まず第一点。

私たちは、みな一様に「知る権利」[*9]をもっている。これは基本的人権です。むろん先人たちの不断の努力の結果として獲得された権利ですが、いまはオギャアと生まれたときからもっている権利とされる。

とはいえ、いきなり「知りたいことがある。話が聞きたい」と私が総理大臣のところへ行っても答えてもらえるわけじゃありません。多くの人がそうでしょう。

＊9　「知る権利」

「表現の自由」より派生し、その延長線上にとらえられる概念。国民が国などにたいし情報の提供を求める「積極的自由」としての知る権利と、国民が国家の妨害を受けず自由に情報を受け取る「消極的自由」としての知る権利があるが、国政の最終決定権を有する国民は、それを行使する前提として判断材料たる情報が与えられていなくてはならず、その提供は国の責務であり、知る権利は国民主権の原理に基づく。

ですから私たちはみずからの知る権利をある者に委託する。代行してもらう。それがメディア、なかんずく新聞社／新聞記者です。

「私の知る権利を一年間、北海道新聞に託そう」

「私は自分の知る権利を六ヵ月間、朝日新聞に委託する」

つまり購読料とは、知る権利の委託料であると考えられる。その負託に新聞社と記者は応える義務がある。

新聞におカネを払うというのは市民的権利の行使なんですね。雑誌や書籍も同様と考えていいでしょう。

これがテレビになると、ちょっとちがってくる。私たちは民放におカネを出してはいない（ＮＨＫの受信料の問題はちょっと脇に置いておきます）。出しているのはスポンサーです。インターネットの情報にも一文も払っていない。

権利の行使としてカネを払ってまで主体的に情報を得る者と、タダで手に入れた情報に頼る者。情報そのものには優劣はないでしょうが、長いあいだには両者の見識と能力には大きな差が生じてくるでしょう。

私はいま、朝日・毎日・読売・東京の四紙を読んでいます。当然のことながらニュースの取り上げかたはそれぞれちがいますね。毎日新聞はこう書くのか、朝日新聞はこう論ずるのか。読み比べること＝知る権利の行使です。私は一社の情報だけを信用しようとは思わない。主体的に確認していくということですね。

私の言いたいことの第二点はこのこと、つまりメディア・リテラシーということです。情報の受け手としての主体性をもたなければなりません。

せっかく知る権利をもっているんだから、それを私たちは、主体的に自由に利用し、行使すべきです。それによって、私たちの日常生活そのものが保障されていくと考えるべきではないでしょうか。

新聞社主催のフォーラムだからこんなことを言うわけではありませんよ（笑）。

「歴女」「腐女子」の想像力

香山　私は話をちょっとやわらかくします（笑）。「歴女」[*10]といわれる歴史好きの女の人たちがいるじゃないですか。あるいは「腐女子」[*11]というんですか？　歴史上の物語のいろんなエピソードに、ちょっと恋愛を絡めたりしながら想像する。あの発想力ってすごいなと思うんですよね。そのありように私はちょっと期待しているんです。

歴史的な建造物などへまいりますと、「腐女子」や「歴女」の人たちが来ている。神社では絵馬などがたくさん掛かっていて、「伊達政宗さま愛してる」なんて書いてある。

その想像力たるや、時空を超えてバッと飛んでしまって、ほ

＊10　「歴女」
以前からいた新選組好き少女や、「信長の野望」などのシミュレーションゲーム、「るろうに剣心」などのアニメによって美化キャラクター化された歴史上の人物に〝萌え〟てしまう歴史オタクの女性が「歴女」と呼ばれた。その後しだいに範囲を広げ、歴史的観光地を訪ねる女性、歴史文学を愛好する女性、歴史学を学ぶ女性にも「歴女」の呼称が及ぶようになった。

＊11　「腐女子」
女性蔑視の視点から以前いわれた「女の腐ったような奴」のこと、ではない。男性の同性愛を扱う小説や漫画は「やおいもの」

んとうにそこに自分がいるかのように活き活きと、その場にもしいたならば、どの人と恋愛をするだろうかとワクワクしたり、あるいはこの人とこの人たちはこういう思いで向き合っていたんじゃないかと妄想に近いまでの想像をめぐらす。

俯瞰的、客観的に歴史をとらえること、それは若い人たちにとってはなかなかむずかしいかもしれない。しかし、荒唐無稽かもしれなくても、歴史の渦中に飛びこんでいく想像力は評価すべきではないか。

もちろんそこには史実に反するものもあるでしょうし、正しいかどうかはわからない。なによりその時代、その地域に生きている人たちも自分たちとおんなじという前提には、幼くて甘いところがあることは否めない。

でも、その時代、そこに生きていた人びとが、たとえば自分と同じ二十一歳であったなら「もし自分がそういう立場だったらどうしただろうと考えてみる」のは、歴史を活き活きととら

と呼ばれたが、二〇〇〇年ごろから、それを好むことを「腐っている」と自嘲した女性が「腐女子」を名乗るようになった。「ヤオラー」と同義。ホモセクシュアルな物語を歴史ものに求めるものもあり、「腐女子」な「歴女」もいる。

えることの大きなとっかかりになるかなと、私は好意的にとらえているんです。

パッと感情移入して、そこにいる生身の人間の心模様を想像できる、その発想力はすごいなと思うんです。

記憶を突き合わせて

――北星学園大学経済学部二年の後藤アヤカと申します。本日は三人の先生方、ご講演、ありがとうございました。お話をお聞きして、私は、歴史は学校で教わるだけでなく先祖から語り継がれる必要があると思いました。しかし、いまは、語り継ぐ人や場所が少なくなってきていると思われます。

戦争であれば、それを体験した人たちが少なくなってきていると思うんですね。それは平和が続いている証拠で喜ぶべきことでもあるわけですが、戦争の話を私たちは正しく理解し、それをどのように後世に伝えていけばいいのかと感じました。その点についてお聞きしたく思います。

保阪　さきほどの話に戻るんですが、国家の記憶の集積として歴史があるわけですね。しかし国家はしばしば記憶を操作、あるいは改変し、はなはだしきは改竄《かいざん》します。隠蔽体質を本能的にもっているんです。それはどんな国でもどんな体制でも、です。日本も例外ではありません。

国家がもっている記憶の集積としての歴史について、それに一定の敬意を払うことは当然ですが、それに服従しなければいけない、それと一致しなければならないという歴史教育はおかしい。みずからが、国家がもっている記憶の集積にたいして、地域や家族の記憶を突き合わせて「どこがどうちがうんだろうか」と自律しながら見ていく目は必要ですね。

その典型が戦争体験なんです。

原爆の被爆体験、空襲による被災体験、引揚げ体験、戦時下の飢餓体験……いろいろありますが、いちばん重要なのは兵士たちの戦場体験だと思います。[*12]

これが戦後ずっと出てこなかった。前線で戦った兵士の証言が表だって出てきたのは、ようやくこの十年ほど前です。

どうして兵士たちは証言を語らないのでしょうか。

それは三つの理由があります。

第一に、戦場とは命のやりとりです。これを体験した兵士たちは「同様の体験をした者でなければわかってもらえない。わかるはずがない」と、はなから諦めているところがある。心理的な傷については、そうそう簡単に口をひらけるものではないのです。

第二に、彼らは命令を受けて戦った。それも「なぜここで戦

＊12　兵士たちの戦場体験
二〇〇七年夏に最初の七本のシリーズが放映されたＮＨＫ「証言記録　兵士たちの戦争」は、以来、最前線の戦場で生死の境をくぐりぬけてきた元将兵らの肉声を届けている。インターネットの「ＮＨＫ戦争証言アーカイブス」(http://www.nhk.or.jp/shogenarchives/) では、同様のシリーズ「証言記録　市民たちの戦争」とともに戦争体験者の証言を、番組で紹介されなかった部分も含め公開している。

うか」について十分説明されないままに戦った。だから、自分のなかで心理的な操作のしようがない、理解ができていない。どう語っていいかわからない。

もし、そういう人たちが体験を語ろうとしても、戦場からずっと遠くにいたはずの参謀たちがこう言って牽制する。「おまえみたいな一兵士が、どう戦争を語るんだ。おまえの体験など、全体の戦局からみたらわずかな一部じゃないか」

個の体験を戦争全体につなげる回路があらかじめ切断されているんです。それにたいする巨大な抗議の書こそ、大岡昇平の『レイテ戦記』[*13]だと思います。

ケアの欠落

保阪　第三にケアの欠落。彼らの多くは心理的、肉体的に傷ついています。その人たちへの手当てを、私たちの社会はついぞ

＊13　大岡昇平の『レイテ戦記』　レイテ島へのアメリカ軍の再上陸は一九四四年十月、マッカーサー率いる大船団が六万人の兵と戦略物資一万トンを揚陸した。マッカーサーの上陸第一声はI have returnedであり、コレヒドールの屈辱をここに晴らした。暗号助手としてミンドロ島サンホセにいた大岡昇平は捕虜となり、レイテ島タナウアンの収容所に入れられた。レイテ島の戦いを、膨大な資料と多くのインタビューから精細かつ巨視的に活写した戦記文学『レイテ戦記』は、一九七一年刊。エピグラフに「死んだ兵士たちに」とだけあるのは、「著者が昭和二十八年頃この本を書くことを

やってこなかった。

アメリカ、イギリス、ドイツ、日本、ソ連、中国……多くの国が第二次世界大戦に参戦しました。

アメリカは必ず軍隊にチャプレン（従軍牧師[*14]）がついていきます。

「おまえたちは明日、日本兵と戦う。死ぬかもしれない。天国に行けるように私は祈る」

というかたちで、戦う目的を説明します。

共産主義の国は政治将校[*15]がついていきます。そして、

「おまえたちは世界の労働者の解放の最前線にいる。明日は憎むべき帝国主義を打倒する戦いだ」

などとアジります。そのいっぽうで、兵隊たちが逃げて帰ってくると、政治将校は撃ち殺します。

いい悪いは別ですよ。それぞれ戦う目的を組織として兵に周知させようとしている。


思い立ったのには、旧職業軍人の怠慢と粉飾された物語に対する憤懣も含まれていた」（あとがき）からに他ならない。

＊14　チャプレン（従軍牧師）
「チャペルで働く宗教者」の意が転じて、軍隊に軍人あるいは軍属として付属、従軍する聖職者のことをいう。部隊内での宗教教育や将兵にたいしての精神的支援の他、戦場では死者を看取ったり、礼拝など式典を司ったりもする。古代ローマ軍にはすでにこの種の聖職者が存在しており、キリスト教が社会において果たした役割の大きさを物語る。ただ、旧日本軍にも従軍僧は、いた。

日本の軍隊のなかには、そういう組織はまったくなかった。「天皇陛下の御為」という言葉はあったし、『軍人勅諭』や『戦陣訓』[16]はありましたが、それは極端にいえば単なるお説教にすぎない。戦った兵士がこころに負った傷をケアするシステムなどなかった。それはよく言われる日本軍における「補給・兵站の軽視」と似ているのかもしれません。日本の戦争の悲劇はこうしたところにもあるんです。

その後、アメリカではベトナム帰還兵やイラク帰還兵、ソ連ではアフガン帰還兵の問題が起きました。[17]あの戦争において皇軍の復員兵士たちがいかなる「こころの問題」に直面したのか。残念ながらそうした研究はほとんど存在しません。

ともあれ、手遅れかもしれないけれど、兵士たちの記憶に私たちは寄り添わなければならない。きちんと記録として残し、そのなかに歴史の正直な姿を見ていくことを続けようと私は思っています。

＊15　政治将校
党（共産党）が軍を統制するために派遣した将校で、隊内の政治指導者といえる。軍の指揮系統外にあり、軍隊内に設置された政治部に属する。ロシア革命後の赤軍（ソ連軍）において軍事革命委員会が、各部隊や艦艇、機関、学校などに配置したコミッサール（政治委員）に端を発する。戦後、ソ連共産党のトップとなったフルシチョフやブレジネフも第二次世界大戦中、政治将校を経験した。中国では建国当時の中国人民革命軍事委員会副主席は劉少奇であり、文革最末期には「四人組」のひとり、張春橋が務めた。

記憶の暗殺者たち

姜　これはむずかしい質問ですね。

後藤さんの言うとおり、歴史にはまず体験がある。それから証言があって、時の経過とともに体験者がいなくなり、記憶、伝聞になっていく。それらが記録になると同一平面に乗ることになりますから、資料・史料としての吟味が大事な作業になります。

それに体験といっても、そのときどこにいたのか、どんな立場にいたかによって、同じできごとに直面しても体験の質は大きく変わってくる。

たとえば福島の原発事故。あれはちょうど九州新幹線が開通[*18]するときで、わたくしは九州で津波の映像を見て、そのあとで事故の発生を知るわけです。それが東北の人と同一の体験のわ

＊16『軍人勅諭』や『戦陣訓』　明治十五年（一八八二）、陸軍卿山縣有朋の命により、軍隊を天皇直属のものと徹底させるためにつくられた訓戒が『軍人勅諭』。西周起草になる全文二千六百八十六字から成り、天皇から軍人に下す形式をとる。「忠節」「礼儀」「武勇」「信義」「質素」を軍人の徳目とし、二等兵にいたるまで陸海軍の全将兵は丸暗記が強要された。『戦陣訓』は昭和十六年（一九四一）に陸軍大臣東條英機が示達した戦場に臨む軍人の心得。島崎藤村が推敲したといわれ、「生きて虜囚の辱を受けず」の一節は、多くの部隊――にとどまらず民間人も――を〝玉砕〟させてしまっ

けがない。

東京でそれを知った人、福島でそれを知った人、北海道で知った人……ことほどさように体験であっても、必ずしもそれはすべてを語っているわけではない。

それでも人は体験を通じて物事を知り、語ろうとする。それしか術がないとすれば、お互いの真摯な対話によって体験の中身をすりあわせていくしかありません。つらい作業です。

しかし、人は安きに流れるものです。いやな事実は見たくないし、ないほうがいい。いま、記憶の段階になって、いろいろな問題が出てきました。これは日本だけじゃない、世界中においてです。ドイツではだいたい一九七〇年代の後半ぐらいから歴史論争が出てきました。それからちょっと遅れて日本でも歴史をどう見るかについての争いが始まり、今日にいたるわけですね。

「記憶の暗殺者たち」という言葉があります。これはフランスた。

＊17　ベトナム帰還兵やイラク帰還兵、ソ連ではアフガン帰還兵の問題が起きました
兵器が発達し殺傷能力が高まった第一次世界大戦からの帰還兵には、身体への損傷だけでなくＰＴＳＤなど精神面に深刻な後遺症が残った。第二次世界大戦が「ファシズムやナチズム。日本軍国主義を打倒する正義の戦争」とされ、ベトナム戦争はアメリカ国内でも反戦運動が起きるなど「けっきょく勝てなかった、不正義の戦争」と見なされた。第二次世界大戦から帰った兵士たちが〝英雄〟だったのにたいし、ベトナム帰還兵にたい

の有名な歴史家のピエール・ヴィダル＝ナケ[＊19]が言いました。ヴィダル＝ナケはユダヤ系の人で、アウシュヴィッツの問題について「ガス室はなかった」と主張する人たちに向けてこの言葉を放ちました。

記憶の改竄、抹消。それは亡くなった人を二重に殺しているのと同じです。最初は被害者として殺され、こんどは歴史から抹殺される。

さらに記憶が自分たちに都合がいいようにされる場合、そこにさまざまな物語が介在してくるわけですね。これについては、おそらく香山さんのほうから、心的葛藤と個人の物語、社会の物語の関係としてお話があるのではないかと思います。

「生もの」と「干物」

姜　誤解をおそれずに言うならば、歴史の問題はすべて現在の

するまなざしは必ずしもあたたかいものではなく、彼らによる暴力犯罪や薬物犯罪が社会問題となった。ブルース・スプリングスティーンの「Born in the U.S.A.」や、ビリー・ジョエル「Goodnight Saigon」はそうした帰還兵たちの憤懣を歌う。倦怠感や記憶障害、うつなどを発症する「湾岸戦争症候群」はイラク戦争の帰還兵たちにも認められ、〝ソ連版ベトナム戦争〟といわれたアフガンからの帰還兵も、ロシア社会に大きな傷を残した。

＊18　九州新幹線が開通
九州新幹線は、鹿児島ルート（博多—鹿児島中央）と長崎ルート（博

問題だと、わたくしは思っています。

現在を生きるわれわれが生きているのはいかなる時代なのかという問題関心、それによって歴史上のあるできごと、ある事柄が大きく前景にせり出したり、あるいは遠景に霞んだりしてしまう。その意味でわたくしは「生ものの歴史」と言っているんですが、それを刻んで料理するのがメディア。

いっぽう大学、アカデミズムがあつかう歴史は、いってみれば「干物《ひもの》」「乾物《かんぶつ》」です。その最たるものが教科書。学生諸君は、生ものがなんなのかがよくわからないままに、もっぱら干物で勉強しているのかもしれない。

干物には干物のおいしさがあるし、乾物には正しい戻しかた、料理法がありますが、しかし、うまくやらないと食べられたものじゃない。いい先生が求められるゆえんです。

生ものと干物をどうやって結びつけて考えるか。

それは保阪さんに聞くといい（笑）。保阪さんは在野の立場で、

多―新鳥栖―長崎）があり、そのうち鹿児島ルートは新八代以南が二〇〇四年に部分開業していたが、鹿児島から博多までの全線が開業したのは、東日本大震災発生の翌日である二〇一一年三月十二日。一九七三年の整備計画決定から三十八年で、東京から鹿児島まで、新幹線が一本のレールでつながった。

＊19　ピエール・ヴィダル＝ナケ

一九三〇～二〇〇六。ユダヤ系フランス人の歴史学者。四四年に両親がゲシュタポに捕まってアウシュヴィッツに送られ、死亡。ピエールの専門は古代ギリシア史だが、歴史修正主義に反

のべ何千人もの人たちから話を聞き、文献に地道にあたって昭和史研究の第一人者になられました。料理の達人です。

軽口はさておき、現在を知るために過去を知ろうとするにしても、ある意味では現在がわからないと過去がわからない。いったいどっちからはじめたらいいのか……という疑問もあるでしょうから、それにお答えします。

身もふたもない言いかたになりますが、それはどっちでもいいんです。問題は、いまを生きている自分に、あるきっかけや動機があるかどうかです。

若い人たちのなかに、一見、自分とは関係ないと思われた事象が、じつは己の生活、生きかたに密接にかかわっていると実感できる体験があればいちばんいいのですが。

いま三十代ぐらいの人にはそういう局面があったし、それが現在のかれらの行動に影響を与えていると、わたくしは思う。それは湾岸戦争ですね。あるいはイラク戦争。


対し、パリ高等社会学研究所で教鞭をとりつつ政治問題に積極的に関与。アルジェリア戦争におけるフランス軍の拷問を告発し、二〇〇三年にはパレスチナ人と連帯する「もう一つのユダヤ人の声」に参加した。『記憶の暗殺者たち』(人文書院)は日本語で読める。

戦争が起きている。何十万も死んだ。そこに日本も間接的に加わった。これをどう見るか。そのとき、歴史を知ることで鮮明に見えてくる部分があるわけです。

わたくしはイラク戦争に反対でした。イラクは大量破壊兵器をもっていないと確信していました。しかし、もっていないという証拠はない。すべては蓋然性の問題でした。ただ、戦争に突っこめば、アメリカの国力はまちがいなく衰退することはわかっていた。

どうしてそう断言できるか。わたくしは「干物の世界」でアメリカが戦後、どういう戦争を戦ってきたかについて、多少は知っております。かつての朝鮮戦争やベトナム戦争の歴史を知っていれば、アメリカ経済が一時はよくても、今後どれだけ傷んでいくかは手に取るようにわかる。

なお、歴史を知るための動機づけがないというのなら、習慣の助けを借りることです。そういう意味でも、多少の背伸び、無理をしてでも毎日、新聞に目を通すことは大切ではないかと思います。

わたくしも保阪さん同様、新聞社主催のフォーラムだからといってリップサービスをしているのではありませんよ（笑）。

「防衛機制」

香山　くりかえしになりますが、フロイトはいいこともいろいろ言っていて、そのひとつが「防衛機制[*20]」の概念です。

人間は自分のこころを守る心的なメカニズムをもっていて、別に誰かから習ったり、学習したりしなくても、みんな自動的にやってしまうというんです。

私たちもそうですよね。イヤなことは聞かなかったことにしちゃう。たとえば恋人から「もう別れよう」と言われても、「まさか。そんな冗談やめてよ」

＊20　「防衛機制」
防衛機制は、不快な感情の体験を弱めたり避けることで心理的に安定した状態を保つために発生する作用とされる。フロイトが防衛機制として挙げたのは、不快な気持ちや考えを無意識のなかに押し込む「抑圧」。娘のアンナ・フロイトは児童精神分

などと真に受けない、そんなのもひとつの例かもしれません。事実を直視しないで認めずに、あの手この手で改竄したり、あるいは自分のなかにある欠点を他人の欠点だと思いこむようにして映し出す。

「あの人はいつも派手な格好ばっかり。好き勝手してさ」

じつは、それは自分が着たい服だったり、他人から見ればご本人がいちばん好き勝手だったりする（笑）。人間とはそんな離れ業も時どきやってしまう存在なんですね。そうやって物語がつくられていくこともあります。

かれらはその問題をほんとうに直視してしまったら、破滅的な事態に追いこまれるだろうと直感的に気づいている。「防衛機制」とは、それをなんとか避けるための、ある種の「こころの生活の知恵」みたいなものなんですね。だから一概に、それをやる人は弱いとか、ずるいとは言いきれない。こころが崩壊するのを防ごうとして必死なのですから、ある意味でしかたが

析の研究のなかから「退行」「抑圧」「反動形成」「隔離」「打ち消し」「投影」「取り入れ（摂取）」「自己への向き換え（自虐）」「転移」「昇華」の十種に整理した。

ない部分もある。

しかし、それをずっと現実だと思いこんでいては、いつかツケがまわってきて、支えきれなくなり、重い症状が出てきてしまう。あるいはおかしな行動を取ってしまう結果にもなりかねない。緊急事態において、お話を捏造するのはある程度やむをえないとしても、捏造した物語をどこかで認めて、修正していく勇気も必要なのです。

ドイツ精神医学界の謝罪

香山　二〇一〇年、精神医学の世界で画期的なことが起きたんです。ドイツの精神医学のいちばん大きな学会がナチス犠牲者の追悼式を開催し、「自分たちはナチス時代にあやまちを犯しました」との正式な謝罪[*21]がなされたんです。七十年の歳月を経てのことです。

＊21　～正式な謝罪
岩井一正（神奈川県立精神医療セン

みなさんご存じかどうか……。ナチスの時代に虐殺されたのはユダヤ人だけではありません。精神の病気をもった人たちも、「レクリエーションに行きましょう」といって精神病院からバスに乗せられて強制収容所へ連れていかれてガス室に送られました。「シャワーを浴びましょう」と病院の中庭につくられた簡易ガス室みたいなところで「始末」された例もあります。およそ二十万人の精神障害者が、国家にとって不要だとして虐殺されました。これは歴史的事実です。しかし、ドイツの精神医学界はそれをずっと認めてこなかったんですね。

それが、ほんとうにここ十年ぐらいの間に、精神科医の側から「じつはこういうことがおこなわれていた」と証言する人が出てきた。まさにさきほど保阪さんがおっしゃった兵士たちと同じです。おずおずと、しかしはっきりと口を開くようになった。そして、もう隠しきれなくなったという事情もあるのでしょうが、ついに精神医学の学会全体としてそれを認め、犠牲

ター芹香病院）の紹介によれば、ドイツ精神医学精神療法神経学会は、二〇一〇年十一月のベルリンにおける年次総会のなかで、ナチス時代に精神医学の名のもとに精神科医によって強制移住、強制断種、強制研究の被害を強いられ、また患者として殺害された二十五万人以上の犠牲者（精神障害者）に謝罪表明し、約三千人の精神科医が参加して追悼式典を開催したという。

者と遺族の方にこころからお詫びをしました。

きっと「いまさらなにを言っているんだ。七十年もたって寝ぼけたこと言うんじゃない」との意見もあったでしょう。でも、反省しお詫びするのはそうしないよりはまし。それを認めて、戦後つくりあげてきた物語を修正したわけです。

七十年を経た謝罪にどれだけの意味があり、戦後に生まれた精神医学の専門家たちが、どれだけ自分たちの責任を感じているかどうかはわかりませんよ。だけども、そこからしか始まらないことがある。遅すぎるだとか、七十年も経っているのだから意味がないなどということではけっしてないと私は思います。

私たち日本の社会では、たとえば「水に流す」とか、「喉元過ぎれば……」みたいな、わりと昔にこだわらない価値観も大事とされる。「もういいじゃないか、過ぎた話は」式の生きかたにも、とても現実主義的なところがあって、それはそれで悪くないとは思うんです。しかし、ものごとには相手があります。

世界は他者に満ちています。自分だけの思いこみに「それはちがう!」と言われたときにどうするのか。

「権威」が「権威」であるために

――北海道大学文学部一年の小川と申します。

香山さんのお話についてなんですが、ぼくは専門家が権威をもっているという状態は悪いことだけじゃないと考えているんです。たとえば専門家がどこかでむずかしく議論していて、その議論が権威をもっている、それによって、それが政治学とか経済学なら衆愚的な政治に陥ることを妨げる効果があるんじゃないかなと。どちらがいいという話ではないんですが、うまくバランスを保てるところはないのでしょうか、あるいはうまくバランスを保つにはどうすればいいのでしょうか。

香山　社会から隔絶された、まさしく「象牙の塔」に籠もった学問の世界だからこそ到達できる知の集積もたしかにあるわけで、それに意味がないとは思わないんです。ただ、知らない間に、自分の肩書やら、権威みたいなものが自分の証みたいになってしまって、せっかく一般の人が素朴に、

「それ、ちがうんじゃないですか」

と言ってくれたときにも聞く耳をもたず、

「ん、素人がなに言ってンだ、おれは北大教授だぞ」

なんて態度で、耳を貸さないというのは困る。それでは童話の「裸の王さま」です。

専門家と称される人たちには、自分たちのやっていることをきちんと公開したりとか、社会に還元したりする責任があると思います。

こんなの素人にはわかるまいと閉ざしてしまうのではなくて、

もうちょっとわかりやすく一般の人にも発信してほしい。それは専門家の責任だと思います。と同時に、発信されたことが、私たちが生きていく広い世間のなかで、市民の討議にさらされることで、思いもかけない新しい方向に応用可能な場合もあると思うからでもあります。

精神分析のいろいろな考えかたも、もしかしたら今の政治を理解するうえで若干役に立つことがあるんじゃないか……そう思うので、私は発言しているんです。

専門家が自分の専門領域にかぎられた話と思っていても、それをちがう分野の人が聞くと、「あッ、それは私の関心あることにもすごく関係している！」なんてことは山ほどあります。

それから、素人は素人で、

「えッ、原発ってこんな危険なものだったの」

「オレたち、なにも知らされていなかった」

と、いまになって、さも被害者のような物言いをしてはいけないと思う。私たちにも知ろうとしなかった責任はある。京大の小出裕章さん[*22]の出した本に『騙されたあなたにも責任がある―脱原発の真実』（幻冬舎）というのがありますが、そのとおりだなと思います。

ナッシュビルのできごと

保阪　ご質問の趣旨とはちょっとズレるかもしれないんですが、専門家についてはご紹介したいエピソードがあるんで、それをお話しさせてください。

十五年ぐらい前なんですが、アメリカ南部テネシー州の州都ナッシュビル[*23]に一ヵ月ほど滞在したことがあります。この地には医学部で有名なヴァンダービルト大学[*24]があるんですが、そこには百人以上の日本人が勉強や研究のためにきています。

私の仕事の柱はふたつありまして、昭和史のほかに医療の

＊22　小出裕章さん
一九四九〜。東北大学工学部原子核工学科卒、同大学院修了。女川原発の反対運動に関わり、科学の知見と社会的問題とを分けて考える原子力関係科学者とは一線を画するようになった。京都大学原子炉実験所助教。放射線計測、原子力施設の工学的安全性の分析を専門とし、「原子力をやめることに役に立つ研究」を続ける。

＊23　ナッシュビル
アメリカ合衆国テネシー州の州都。カンバーランド川に面し、交通と物流の要地であり、南部の主要都市となった。そのため南北戦争でも戦略的重要地とな

社会的関係についてもいろいろと書いております。その関係でアメリカにいる日本人医学研究者たちに話をするよう頼まれました。

会場には五十人ぐらいいたでしょうか。いずれも最先端の医療研究に取り組んでいる人です。そこにひとりの研究者が、遅れて駆けこんできました。

私の話が終わりまして、「さあ質疑応答だな」と思っていたら、さっきの駆けこんできた彼がいきなり、

「ぜひみんなに聞いてほしい。ディスカッションしたいんだ」

私は思わず、

「いったいなにをディスカッションしたいんですか」

と尋ねてしまいました。

すると彼いわく、

「じつは自分はクローンの研究をしています。きょうも研究室でクローンのカエルを何匹もつくりました。私のチームには、

り、激戦地ともなった。現在の人口は約五十七万人（二〇〇〇年）。カントリーミュージックの発信地であり音楽産業が発展、カントリーミュージック殿堂博物館がある。

＊24 ヴァンダービルト大学
ナッシュビル市にある南部を代表する名門私立大学で、〝Harvard of the South〟とも呼ばれる。一八七三年創立。校名は創立時に巨額の寄附をした船舶・鉄道事業家コーネリアス・ヴァンダービルトにちなむ。医学部とその付属病院は、ガン研究や小児外科の分野で最先端の治療入院研究施設を有する。クリントン政権の副大統領で、ド

日本人、アメリカ人、中国人、イギリス人、イスラエル人、いろんな国の人がいます」

彼は三十代前半でしたが、たしか京都大学から研究にきているとのことでした。

「いまや完全にクローンのカエルを何匹もつくることができるようになっているわけですが、チーム内でよくこんな話題が出るのです。『おい、これってほんとうはやっちゃいけないと考える人もいるよな。そういうとき、おまえの国では誰がやっちゃいけないって決める？』って」

つまり生命倫理について、最終的な判断は誰がくだすのかが話題になったわけですね。

彼によると、それぞれこんな答えだったらしい。

アメリカ人……それは各自の宗教、教会が決める。

イスラエル人……それはラビ（律法学者）[*25]が決める。

キュメンタリー映画『不都合な真実』が評価されノーベル平和賞を受賞したアル・ゴアは、この大学のロウスクールを中退している。

＊25　ラビ（律法学者）
ユダヤ教の宗教的指導者で、ユ

中国人……それは党が決める

それで彼は困ってしまった。そんなこと考えたこともなかったというんですね。で、とうとう自分の番になった。

「おまえの国では『これはやっちゃいけない』ということを誰が決めるの？」

「う〜ん、……新聞が決める」（笑）

「えッ？　新聞が決めるって、どういうこと？」

「世論が決める」

「なにッ、日本では世論が倫理を決めるのか！」

苦しまぎれの答えがたいへんなことになってしまった。

「われわれは、医療はいくらでも先端的なことをやれる。だけど、これをチェックする存在とはなんだろう。日本では誰がチェックするんだろう」と思った彼は、同じ日本人の意見を聞きたくなって駆けこんできたわけです。


ダヤ人コミュニティの指導者でもある。歴史的には、神がイスラエルの民に与えた律法（トーラー）を研究し解釈し、実行し、人びとにも教える学者（律法学者）のことで、「ラビ」とは「先生」といった意味に近い。

彼らは日本で……

保阪　もちろん日本の大学にも倫理委員会があって、研究と倫理におけるガイドラインを設けている。しかし、ひとつの社会組織が、さらには国家が、そういう生命科学の倫理を決める場合にはどういう形がいいのだろうか。それも宗教的規範、あるいは共産党の指導、そういったものがおよそない国で。

じつにおもしろいと思ったものですから、さっそく何人かで議論に入りました。

むろん簡単に答えが出るものではありませんが、けっきょくは脳死の問題に行き着いたんですね。

「脳死臨調」[*26]というものがある。専門家が集まって議論する。その過程が報道される。

日本では生命倫理に判断を下すのは教会でもなく、共産党で

＊26 「脳死臨調」
正式名称は「臨時脳死及び臓器移植調査会」。一九九〇年二月に総理大臣の諮問機関として設

もなく、新聞でもない。行政がなかば責任を逃れるために審議会をつくって議論して答申を出す。そうなってからメディアや政治、各種団体がああでもない、こうでもないといって「結論」を出す。当然時間がかかる。その間に、人の命も失われていく。それも覚悟のうえで時間をかけている。

そのときの結論なんですが、それは、

「日本社会ではこういったある種の連帯責任しかないんじゃないか。手間と時間はかかるにしても、いまのやりかたは国民の合意をつくっていく際には悪くないのじゃないか」

というものでした。

私は思いました。こういったディスカッションを彼らは日本でほとんどしてこなかったんだな、それは自分も同じだと。

連帯責任は無責任とよくいいます。ひとたびガイドラインが出されれば、そこで思考停止になってしまうおそれは多分にあります。しかし、私がナッシュビルの大学で目撃したのは専門

置。二年間にわたり、各界を代表する十五人の委員と五人の参与が、脳死と臓器移植の問題について検討。九二年一月に発表された答申では「脳死を『人の死』とすることはおおむね社会的に受容され、合意されている」との見解を示した。「蘇生限界点（ポイント・オブ・ノーリターン）」を越えたことをもって人の死とするが、その脳死判定の基準についてもじゅうぶんな議論が尽くされたのか、批判も多い。

家が自分の仕事において他者の声を意識した瞬間でした。

おまえの研究をチェックするものはいったい誰なんだとの鋭い問いに出会うとき、彼らはたんなる知的好奇心をこえて専門家として自分の研究が人類の幸せと結びつきうるのかを考えるようになるのだと感じさせられる刺激的な体験でした。

「わかった。君とはいっしょに仕事ができる」

保阪　もうひとつ。これも十五年ぐらい前、コーネル大学[*27]で医学を研究している友人の医師から聞いた話です。彼は日本人ですが、ドイツ人とアメリカ人とチームを組んで研究していたそうです。

そこへイスラエル人の研究者が新しく入ってきた。彼はまず最初にドイツ人に声をかけた。

「ちょっと君と話をしたい、昼食を共にどうか」

＊27　コーネル大学
アメリカ合衆国ニューヨーク州イサカ市に本部のある全米屈指の名門私立大学で、いわゆる「アイビーリーグ」の一校。一八六五年創立。私立ではあるが、モリル・ランドグラント法の適用を受けたランドグラント大学（土地付与大学）でもある。機械

それを聞いて、日本人の彼も、

「ぼくもついていっていいか」

「いいよ」

というわけで、三人で食事をした。すると、イスラエルの研究者がドイツの研究者に向かって開口一番、

「君はナチスをどう思うか。アウシュヴィッツをどう思うか」

と尋ねた。

ドイツの研究者は、

「私たちの国の恥です。歴史として、これは私たちはとても耐えられない記憶だけど、耐えていかなきゃいけない」

と時間をかけて自分の考えを説明した。

するとイスラエルの研究者は立ち上がって、

「わかった。君とは同じチームの仲間としていっしょに仕事ができる」

と言って握手した。


工学、生命科学、物理学、建築学、コンピュータ工学、農学、獣医学、ホテル経営学などは評価が高い。

私にそれを話してくれた日本人医師はこう言いました。

「ただただ、びっくりした」

「あんな会話を私はしたことがないし、たぶんできない」

科学の研究を共に進めるときに、歴史のことで了解点をつくって、「わかった、それじゃいっしょにやれる」とか「おまえとはともに仕事はできない」なんて思考法など考えたことがない。

その後、彼は、

「中国人といっしょに研究するときには、私もイスラエル人のようにしたほうがいいんでしょうか」

と私に意見を求めてきましたから、

「いや、それはあなたから言うもんじゃなくて、中国人が言ってきたらディスカッションすりゃいいんじゃないか。むろんあなた自身は歴史上の自省の言葉はもっていなければならない」

と答えました。

文系の人間のほうが鈍感（？）

これからも多くの日本人が国際社会に出ていくことによって、歴史認識のぶつかりあいを経験するでしょう。それを通じて日本のなかに欠けている論争点、あるいは日本の風土で見落としている点がいっぱいあることに気づくはずです。

私たちは最近、どうも閉鎖的になっているきらいがありますが、それではいけないんで、こういう微妙なディスカッションにさらされることを恐れず、逃げずに議論する真摯さやタフさを身につける必要がある。

イスラエルとドイツ人の議論について話しましたが、こんどはイスラエル人と日本人のチームに、もしアラブの研究者が参加してきて、すぐにイスラエル人に向かって「おまえと話したい」といって食事をともにする機会があるかもしれない。

そのとき、アラブの人が、

「君はパレスチナの問題についてどう思うか」

と尋ねた結果、

「おまえとはいっしょに仕事はできない」

ということはありえますね。そのとき、日本人研究者は傍でオロオロしているだけでいいのか。


そういうかたちで世界と歴史が成り立っていることを理解しておく必要がほんとうはあるんです。これは避けて通れない国家の記憶と記憶のぶつかり合いです。

ここまでお話ししたように、じつはこの問題には留学した理系の人のほうが多く直面しているんです。文系の人間のほうが歴史にものすごく鈍感になっているという皮肉な現実がある。海外で先端医療とかを研究している連中が、日本へ帰ってきても、そういうことについては沈黙してしまっている。しかし、一部の偏狭な論をふりまく政治家などを苦々しく思っている研究者や技術者は少なくないと思いますよ。

加害・被害の問題

——祖母に戦争の話を聞いても、被害者としての意識のほうが強いように感じられます。加害者としての戦争責任を受けとめきれない人たちが出てくるのもある意味ではわかることで、そのなかでたぶん新しい保守と称される人たちが出てくるのだと思います。

そういう人たちにたいして、「ほんとうの歴史はどうだったのか」を問い詰め、「こうだったのではないか」とのこちらの考えを突きつけるやりかたは、逆に彼らを頑なにし、自分たちの立場に固執させてしまうところがあると思うんです。それでいいのでしょうか。

姜　いまの小川君の質問はすばらしい。ということは、じつに答えにくい（笑）。

つまりは加害・被害の問題ですね。これは非常にむずかしくて、歴史において誰かが「これが真実だ」と言えば言うほど、それとは別のものを信じている人には、ますます固着していくということがある。

昨年この場でお話ししたことと重なってしまう部分があるんですが、エヴァ・ホフマンという人の『記憶を和解のために』（みすず書房）について触れることをお許しください。[*28]

彼女はポーランド系のユダヤ人二世。アウシュヴィッツの生き残りだったお父さん、お母さんのあいだに生まれました。いわばホロコースト「第二世代」にあたる。その彼女が、ドイツ人で両親はナチだったというような「第二世代」と出会うとき、すごい緊張が走ったというんです。

このようないろいろな話をしているんですが、重要なのは、

＊28　昨年この場で～　二〇一一年十月の道新フォーラム「現代への視点2011～歴史から学び、伝えるもの」でのトークセッションにおいても、姜尚中はエヴァ・ホフマンの『記憶を和解のために』（みすず書房）に言及。「この本には、ホロコーストを体験してきた両親

さまざまな葛藤のうち彼女がいちばん悩まされたのは、両親とのあいだのそれだったということです。つまり、加害者と被害者と簡単に線引きされたとしても、むしろ被害者側のなかに大きな断層が走っていた。ホロコーストに直面した者たちとその次の世代とのあいだにです。

つまり、戦争の被害者から生まれた子どもは、お父さん、お母さんが精神的な外傷を負っているので、小さいころからいろいろ対立が出てくるわけです。その対立に悩まされながら、やがて外向きには自分が被害者二世だということで、父母のアイデンティティを共有すべきではないのかという苦しみをもつようになる。

葛藤は被害者のなかにもあるし、また加害者のなかにもある。そう考えていかないと、

「いまさら加害・被害で騒いでどうするの。あまり加害のことばっかり言われても困る」

から生まれたユダヤ人第二世代が問題をどう受けとめるべきか悩み、みずからの課題としていくことが書かれています」「じつは被害者のほうがある意味ではもっと痛い体験を二世、三世がつづけている。（略）小さいころ、親たちが抱えているさまざまな精神的な苦痛を伝えられることで親を憎んだり、場合によっては親と完全に縁を切ったり、そういう経験をしている人がたくさんいるという」と述べた。

「そんな自虐的なことに染まっちゃ困る」などという単純な二分法、粗雑な思考に足をすくわれてしまうと思うんです。

わたくしとあなた、あの山この川

姜　求めるべきはエヴァ・ホフマンが言うとおり、やはり「和解」ということですね。しかし、それはむずかしい。簡単ではない。

たとえば女性が性犯罪に遭った場合、加害者と被害者のあいだにどういう和解が成り立つだろうか。しかも、性犯罪に遭われた女性が身ごもってしまった場合はどうするだろうか。ちょっと考えただけでも深刻な事態がいくつもありうる。

そういう娘さんをもった親御さんはどういう反応を示すだろうか。あるいは恋人やフィアンセがいた場合に、その人はどう反応するだろうか。じゃあ、その子どもは生まれないようにしたほうがいいんだろうかとなってくると、非常に深刻な、しかし身につまされる問題になってくると思うんです。さらにこれが戦場で起きたことであったら……。

自分の家族、自分の恋人といったところから見ていけば、和解はたんに加害・被害の二分法から得られるものではなくて、個々の事情と実感に根ざした理性だけがそれをなしうるとわかると思うんです。

ですから、国家と国家、国民と国民、民族と民族などという、漠とした抽象的なもの、空疎なナショナリズムから見ていくのではなくて、わたくしとあなた、あの山この川といった愛郷心から出発し、それを手放さずに粘り強く考えていくことが必要だと申しあげたい。

香山　くりかえしになってしまいますが、そのときは作らざるをえなくて作ってしまった物語であっても、それをちゃんと見なおして、修正していく勇気も必要なんです。

若い世代の人たちも、「自分たちがやったことじゃないんだから自分たちが責任を感じる必要はない」と言ってしまえば、それまでかもしれませんが、そうではなくて、社会全体として物語の修正が、まだ終わっていないのかもしれないという考えは頭の片隅に置いておいていただきたいし、それは個々の家族や集団のなかからはじまるのだと、つねに自分の身に即して考えるようにしていただきたいと思います。

むすびに

北海道の近代史は、屯田兵の入植から始まりますが、いくつかの兵村には戊辰戦争で朝敵とされた東北の各藩の藩士たちが入ってきます。たとえば山鼻兵村（現在の札幌市中央区南部など）には伊達藩（仙台藩）、会津藩（斗南藩）、津軽藩（黒石藩、弘前藩）などから二百四十人の旧藩士（家族を含めると千百十四人）が入ったといいます。若林滋編著の『北の礎　屯田兵開拓の真相』は、そうした旧藩士の労苦を語りつつ、次のように書いています。

山鼻兵村の屯田兵と子孫たちの絆は強く、協力し合って入植後百有余年にわたり北海道の各界にさまざまな貢献をしてきた。その人脈から数多くの遺産が残された。藩士たちの優れた資質が受け継がれ、北の風雪に鍛えられた結果だろう。

むろんこれは何も山鼻兵村に限ったことではありません。屯田兵の初期入村地域には、反政府感情（それは反薩長ともいえますが）が強く、明治十年の西南の役では、屯田兵のなかには「維新の時の敵討ち」と勇んで出征した者もいたといいます。それだけでなく、明治初期にあっては屯田兵たちの動きには、警察官は「薩長政権の犬であるとの強い偏見」がありモメごとも絶えなかったといいます（前出の若林編著および伊藤廣「屯田兵村の百年」）。

こうした光景は、北海道開拓の初期のことであり、すべての地にあてはまるわけではありません。それでも北海道の近代史の一断面を語っていることにかわりはありません。本来、北海道にはこのような野党的な精神、あるいは反中央の精神があるといっていいのですが、少しずつ近代の歴史を積み重ねることによってこのような精神は失われていったように思います。

なぜでしょうか。これは私独自の考えになるのですが、北海道にはこのような野党的入植にたいして、明治新政府の北海道開拓に呼応するかたちで入植した人たちのほうが結果的に多く、そこに中央政府にたいする反撥のあった人たちとは別の「官依存」の体質があったということになります。つまり与党的精神に与することによって、北海道開拓の辛苦にたいする財政的支援をはじめ、多くの支援、援助を求める体質が生まれたといえるように思います。

北海道の気候、風土、それに自然環境にたいして、北海道の各地に移り住んだ人たちは、どれだけ苦労したか、いやその苛酷な条件にいかに耐えたかというエピソードはそれこそ数多くあります。寒さや冷害、疫病などによって入植者の犠牲者の数は膨大になります。たとえ屯田兵で入村しても、一冬を越せずに亡くなった老若男女がどれだけ多かったか、そのことに思いを馳せますと、つらい気持ちになります。

私は北海道生まれの北海道育ちですが、北海道という風土に培われた気質、考えかた、あるいは人生訓は、ふたつの良質の特徴をもっていると自覚しています。ひとつは叙情的というよりは叙事的だということです。きれいごとを言ったり、歯が浮くような言葉を吐いたりすることは不得手で、きわめて現実的な局面に立脚しての日々の生活というものを大切にしていると思うのです。

そしてもうひとつは、自立自尊、つまりみずからの考えかたでみずからを律する、そのことに誇りをもつということです。他者に追随したり、その言い分にふり回されたりしていたら、みずからの人生はみずからが生きているのではなく、他者に従属しているとしかいいようがありません。それではあまりにも不本意ということになってしまうのです。

「叙事的」「自立」というふたつの背骨をもっているのが北海道で育った人たちの特徴だと考えつつも、「さて、この時代にその背骨をいかに生かすかが問われている」との思いがします。

安倍晋三内閣になってから、日本社会の急激な変貌が始まっています。この変貌を右傾化という論者もいますし、いや日本社会での「戦後」が終わっただけと称する人もいます。私は、たんに右傾化というより、もっと深刻な状態の始まりという具合に見ています。安倍首相の言動は、憲法改正にしても、史実を充分に押さえたうえでの感想ではありません。憲法改正の理由として、「日本人の手でつくらなければならない」といささかピントの外れた言いかたをしています。

日本人の手でつくっていないという言いかたは、じつは吉田茂首相をはじめ当時の政治家たちにどれだけ非礼なのかを考えたことがあるのでしょうか。現行憲法の制定時に中心的役割を果たしたのは吉田内閣ですが、議会での審議では第九条について、あらためて日本の戦争にたいする反省をこめたとの意を明らかにしています。私は自民党内にある保守本流とは、「戦争放棄の護憲、アメリカの軍事力の傘下に入ることの容認、経済主導の政策」

だったと考えています。たしかに自民党は現行憲法改正を党是にしているとはいえ、それは制定当時の議論と精神を土台にしてのことではないかと考えます。

安倍内閣の憲法改正論議は、第九十六条改正の議論をみても、これまで戦後社会で寄せては返す波のようにあらわれる、いわば思いつきの議論に終始しているかのような印象をもちます。

加えて安倍首相の論は、たとえば「侵略には学問的な定義がない」など、これまでの日本が国際社会に発してきた歴史観を土台から変えてしまおうとの意思がみられます。このような歴史観、憲法観、さらにはときに洩らす政治家としての思想などにふれて、そこに危うさがあるというだけでなく、アメリカをはじめとするかつての連合国に、「この首相は第二次世界大戦後の歴史観を否定しようとするのか」との懸念を与えていることは容易にわかります。そういう懸念を、アメリカの議会では「超国家主義の擡頭《たいとう》」と評しているわけですが、もし安倍首相が信念をもって発言を続けているなら、あえて「国家主義の立場から、私は戦後の国際社会の歴史観を変えたいのだ」と言うべきです。その反応がどうでるか、私には容易に想像がつきますが、安倍首相はそう言わなければ論理が破綻していると言っていいでしょう。

こういう社会状況にあって、私たちはいま、どのような考えかたを身につけ、どういう態度で時代と向きあうべきか、あるいは国際社会のなかに身を置くべきか、そのことを個々人が考えなければならないでしょう。あえて「叙事的」と「自立」という北海道開拓時の精神に学ぶべきではないか、ここには多くの歴史的な知恵が詰まっていると主張するのはその意味においてであり、あらためて強く訴えたいと思っています。

本書は北海道新聞社が〈北海道から強い歴史的メッセージを発する〉との思いをこめておこなっているシンポジウムをまとめたものです。二〇一二年十一月のこのシンポジウムは四回目にあたり、姜尚中氏、香山リカ氏、そして私の三人がそれぞれ持論を述べる第一部と、それにもとづき札幌の大学生たちと討論をおこなう第二部にわかれています。

このシンポジウムを通じて、私は現在の大学生たちの素顔を毎年確かめてきたのですが、真摯さ、素直さ、それに謙虚さをともなった発想や行動に感銘を受けてきました。これまでの四回のシンポジウムで、そういう真面目な構えでの歴史への関心、そして多角的に思考の幅を拡げていこうとする、その姿勢に次代の日本の可能性を見ます。

これまで出席した大学生たちに、「叙事」と「自立」の北海道精神を感じるなどというと、いささか媚びた言いかたになるかもしれませんが、そのような姿勢が垣間見えることも、このシンポジウム自体の意義を高からしめているのではないかと思います。

いつの時代もそうですが、社会に存在する既成の考えかた、倫理などは、若い世代に必ず疑問をもたれます。どの社会においてもそうです。私自身、ふりかえってみれば、上の世代にたいして「なぜあのような戦争を許容したのだろう」と強い批判をもちました。しかし同時に、その批判が一面的ではないか、もっと多角的な視点での批判も必要ではないか、との自省も忘れてはならなかったのです。それゆえ、いまの若い人たちはどんな考えをもっているのか、その「批判の姿勢」について知りたくて毎年のシンポジウムを迎えてきました。

若い世代の意見を聞くということは、じつは私たちの世代の姿勢について自省するということでもあります。ともすれば老いた世代は、若い世代に「上からの目線」で説教をくりかえすことになりがちですが、そのような傲岸さがないか、私も本書を編集しつつ、この時代に身を置いている「責任」を果たそうと自戒するのです。

こうした精神を汲みとり、フォーラムの内容をシリーズとして本にまとめる労を惜しまない講談社学芸図書出版部の横山建城氏にあらためて感謝します。さらに北海道新聞社のこのフォーラムに関わりをもつすべての人たちにも感謝します。そして、ごくあたりまえの歴史観を身につけようとの願いがこの書にこもっていることに、私は誇りを感じていることを記しておきます。

この書を手にとるみなさまへの感謝もこめて、ありがとうございます。

二〇一三年（平成二十五年）五月

保阪正康

保阪正康（ほさか・まさやす）
1939年、札幌市生まれ。同志社大学文学部卒業。ノンフィクション作家。「昭和史を語り継ぐ会」主宰。昭和史の実証的研究を志し、延べ4000人もの関係者たちに取材してその肉声を記録してきた。個人誌『昭和史講座』を中心とする一連の研究で、第52回菊池寛賞を受賞。『昭和史七つの謎』（講談社文庫）、『東條英機と天皇の時代』（ちくま文庫）、『昭和陸軍の研究（上下）』（朝日文庫）など著書多数。

姜尚中（カン・サンジュン／Kang Sang-jung）
1950年、熊本市生まれ。早稲田大学大学院政治学研究科博士課程修了。旧西ドイツ、エアランゲン大学に留学の後、国際基督教大学助教授・準教授、東京大学大学院情報学環・学際情報学府教授を経て、現在、聖学院大学教授。専攻は政治学、政治思想史。テレビ・新聞・雑誌などで幅広く活躍。『オリエンタリズムの彼方へ—近代文化批判』『マックス・ウェーバーと近代』（ともに岩波現代文庫）、『心』（集英社）、『母—オモニ』（集英社文庫）、『悩む力』『続・悩む力』（ともに集英社新書）、『在日』（講談社/集英社文庫）『在日 ふたつの「祖国」への思い』（講談社＋α新書）など著書多数。

香山リカ（かやま・りか）
1960年、札幌市生まれ。東京医科大学卒業。精神科医、立教大学現代心理学部映像身体学科教授。専門は精神病理学。豊富な臨床経験を生かして、現代人のこころの問題を中心にさまざまなメディアで発言を続ける。『ぷちナショナリズム症候群』（中公新書ラクレ）、『スピリチュアルにハマる人、ハマらない人』『しがみつかない生き方』（ともに幻冬舎新書）、『ひとりで暮らす 求めない生き方』（講談社）、『就職がこわい』（講談社＋α文庫）、『老後がこわい』『なぜ日本人は劣化したか』『親子という病』『〈不安な時代〉の精神病理』（以上、講談社現代新書）など著書多数。

「愛国《あいこく》」のゆくえ―「戦後《せんご》」の無意識《むいしき》とトラウマ

2013年6月25日　第1刷発行

著　者　保阪正康《ほさかまさやす》　姜尚中《カンサンジュン》　香山《かやま》リカ
発行者　鈴木 哲
発行所　株式会社講談社
〒112-8001　東京都文京区音羽2-12-21
電話　出版部03-5395-3522
販売部03-5395-3622
業務部03-5395-3615
装丁者　トサカデザイン（戸倉 巌　小酒保子）
印刷所　凸版印刷株式会社
製本所　株式会社国宝社

©Masayasu Hosaka, Kang Sang-jung ,Rika Kayama, Hokkaido Shinbunsha 2013, Printed in Japan
定価はカバーに表示してあります。

落丁本・乱丁本は購入書店名を明記のうえ、小社業務部あてにお送りください。送料小社負担にてお取り替えいたします。なお、この本についてのお問い合わせは学芸図書出版部あてにお願いいたします。

本書のコピー、スキャン、デジタル化等の無断複製は著作権法上での例外を除き禁じられています。本書を代行業者等の第三者に依頼してスキャンやデジタル化することは、たとえ個人や家庭内の利用でも著作権法違反です。

Ⓡ〈日本複製権センター委託出版物〉複写を希望される場合は、日本複製権センター（☎03-3401-2382）の許諾を得てください。


ISBN978-4-06-218377-2
N.D.C.210.6　156p　19cm

「東京電力」研究　排除の系譜

斎藤貴男　著

戦後の保守論壇形成。
最強を誇った労働組合の壊滅。
カリスマ経営者を称揚する世論――。
その本質はどこにあるのか？
圧倒的な取材を経て初めて明らかになる、
日本人と巨大企業の戦後史！

われわれはなぜ、原発を選んだのか？　三・一一が暴いたノーリスク・ハイリターン体質。安全神話を守るために安全を度外視する逆説、管理・監視の自己目的化、アメリカへの一方的従属……。「東京電力」という巨大企業の内実から、この国の本質が初めて明らかになる。

講談社　定価（税込）：一九九五円
※定価は変更することがあります

司法よ！　おまえにも罪がある　原発訴訟と官僚裁判官

新藤宗幸　著

科学技術とは専門知で制御すべきものか？
それとも常識を以て対峙すべきものなのか？
いまこそ裁判官の判断が真剣に問われている。

いま、原発の運転差止めを求める裁判が、政治的立場を超えて各地で提起されている。だが、これまでの二十件近い反原発訴訟において勝訴したのは二件のみ。それもすべて上級審で逆転されている。フクシマ以降も裁判所がいかなる判決を下すか予断を許さない。なぜ、かくも「司法の壁」は厚いのか？　日本政治における「過度の行政優位」を批判してきた著者が、これまでの判決に潜む問題点を指摘、官僚制の病巣を抉り出す。

講談社　定価（税込）：一四七〇円
※定価は変更することがあります

ひとりでいいんです　加藤周一の遺した言葉

後続の世代に託された軽やかにして熱い言葉の数々。戦後を代表する知識人の遺したものを受け継ぐ試み。世代間の対話、その最良の姿がここにある！

加藤周一
凡人会　著

……ひとりでいいんです。ひとりで。それはむずかしいことではない。国境を越える共感は観念としては成り立ちますが、非常に抽象的でしょう。観念的なものは切羽詰まってくると捨て去ることができる。それが戦時下の知識人の問題だった。戦時下の知識人の多くは、頭で受け取ったマルクス主義などの外来思想を捨てた。外国は映画のスクリーンの上にあるようなものでした。だから、日常生活をとって、思想を捨ててしまう。そうならないためには、具体的な友人が海外にひとりいればいい。海外によく知っている友人がひとりいること、それが出発点だと思います。（第二章より）

講談社　定価（税込）：一八九〇円
※定価は変更することがあります